MISTÉRIOS do povo CIGANO

Ana da Cigana Natasha
Edileuza da Cigana Nazira

Espíritos Ciganos
Simpatias
Receitas e Jogos

5ª edição
4ª reimpressão

Rio de Janeiro
2015

Produção editorial
Pallas Editora

Capa e Ilustrações de miolo
Pallas Editora

Revisão
Gisele Barreto Sampaio
Sílvia Schwingel Dias

CIP-BRASIL. CATALOGAÇÃO-NA-FONTE.
SINDICATO NACIONAL DOS EDITORES DE LIVROS, RJ.

A55c
5ª ed.
4ª reimpr.

Ana, da Cigana Natasha..
Mistérios do povo cigano: espíritos ciganos, simpatias, receitas e jogos / Ana da Cigana Natasha e Edileuza da Cigana Nazira; [ilustrações, de miolo Renato Martins]. – 5ª ed. – Rio de Janeiro : Pallas, 2015.

il.
ISBN 978-85-347-0318-5

I. Ciganos – Religião e Mitologia – Brasil. I. Edileuza da Cigana Nazira. II. Título.

99-0532.

CDD 299.14970981
CDD 299.1 (81)

Pallas Editora e Distribuidora Ltda.
Rua Frederico de Albuquerque, 56 – Higienópolis
21050-840 – Rio de Janeiro – RJ
Tel.: 2270-0186
pallas@pallaseditora.com.br
www.pallaseditora.com.br

DEDICO ESTE LIVRO
A MEU KAKU
MEREIK BAIS NNÓS

É maravilhoso ter um sábio a meu lado – o senhor que há muitos anos veio para o Brasil e trouxe o sofrimento estampado no rosto. Cada ruga é uma experiência vivida na luta pela sobrevivência, cada fio de cabelo branco traz um ensinamento do povo cigano. Meu *Kaku*, você é sábio porque é cigano. Não freqüentou qualquer faculdade, mas a escola da vida lhe ensinou tudo a respeito do ser humano.

É gostoso tê-lo ao meu lado, apoiando-me com amor e carinho. Se hoje sou conhecida, agradeço ao senhor por ter-me ensinado as magias e os mistérios do povo cigano. Se este livro está sendo lançado, é ao senhor que devo isso, pois me educou para ser uma cigana de verdade.

Meu velho, meu amigo para todas as horas da vida, agradeço tudo o que fez por mim. Não tenho palavras para agradecer do fundo do meu coração. Agradeço a Bel-Karrano por tê-lo sempre a meu lado, ensinando-me o caminho desta vida.

Meu *Kaku*, cristal maior do firmamento, você é o brilho mais bonito desta terra.

Obrigada por tudo e por estar o senhor sempre ao meu lado.

HOMENAGEM ESPECIAL

À amiga que Deus levou
EDNA BARBOSA DA SILVA

Oração a Santa Sara

A cigana tem o mistério, pois, do futuro, tudo entende. Na Lua cheia tem sua magia; em seus cristais está sua energia; seu incenso é sabedoria; sua dança é alegria; com suas fitas coloridas tem fama de andarilha. O fogo revela o futuro, o poder, a força da natureza. A violeta é o seu perfume. Santa Sara é sua padroeira.

"Santa Sara, pelas forças das águas, Santa Sara, com seus mistérios, possa estar sempre ao meu lado, pela força da natureza.

Nós, filhos dos ventos, das estrelas e da Lua cheia, pedimos à senhora que esteja sempre ao nosso lado; pela figa, pela estrela de cinco pontas; pelos cristais que hão de brilhar sempre em nossas vidas. E que os inimigos nunca nos enxerguem, como a noite escura, sem estrelas e sem luar.

A *Tsara* é o descanso do dia-a-dia, a *Tsara* é a nossa tenda. Santa Sara, me abençoe; Santa Sara, me acompanhe. Santa Sara, ilumine minha *Tsara*, para que a todos que batam à minha porta eu tenha sempre uma palavra de amor e de carinho. Santa Sara, que eu nunca seja uma pessoa orgulhosa, que eu seja sempre a mesma pessoa humilde."

BEL-KARRANO
DEUS-CÉU

Sumário

Prefácio

Foi com grande satisfação que aceitei a incumbência de fazer a apresentação do livro *Mistérios do Povo Cigano*. Na minha opinião, este livro é um importante acréscimo à bibliografia relacionada à cultura religiosa e mágica popular brasileira. Ao contrário da quase totalidade do material existente sobre os ciganos, esta obra não se refere apenas às tradições européias, nem é um estudo de caráter sociológico ou antropológico. Trata-se, puramente, de um registro da vivência social e religiosa de pessoas pertencentes à comunidade cigana radicada no Brasil.

As histórias que aqui encontramos falam de memórias familiares e tribais, que deixam perceber com clareza o modo como os ciganos de hoje conservam a ligação com suas raízes ancestrais. As magias, oferendas e simpatias que as autoras descrevem com minúcias têm dupla utilidade: aos estudiosos das religiões brasileiras e da cultura cigana, oferecem um quadro real das práticas desse povo em nosso país; aos interessados em trazer essa magia para seu quotidiano, fornecem um enorme repertório de técnicas que incluem modos de tratar espíritos ciganos, práticas divinatórias, receitas típicas, simpatias e orações para as mais diversas finalidades.

Essas práticas, muitas vezes, nós as encontramos no dia-a-dia, quando procuramos pessoas que praticam as artes mágicas do sincretismo brasileiro. Este livro, entretanto, dá a todos a chance de conhecer muitas dessas magias e de desvendai" um pouco desse universo encantado que é o mundo cigano.

Eneida Duarte Gaspar

Apresentação

Sobre Este Livro

Fui trabalhar na Rádio Mauá Solimões no dia 25 de fevereiro de 1993. Entrei para o meio radiofônico para levantar a bandeira do povo cigano, que, até então, era muito incompreendido, sendo os espíritos ciganos tratados por muitos com irregularidade.

Fui escolhida por meu *Kaku* para esta tarefa. Eu sabia que era uma tarefa muito difícil, cheia de obstáculos, mas eu estava preparada para isso. Após muita luta, então, consegui que os ciganos materiais e espirituais fossem respeitados como merecem.

Hoje, graças a Bel-Karrano, estou com meu propósito realizado. Agora, estou entrando numa nova etapa, que é o lançamento de um livro com o mesmo objetivo, pois muitos não conhecem as histórias que marcaram os espíritos ciganos e como eles fizeram sua passagem para o mundo espiritual. Espero, por isso, que este livro esclareça para todos o que é o povo cigano.

As simpatias me foram dadas por meu *Kaku*, assim como as histórias aqui contadas, pois meu *Kaku* é um homem velho, vivido e sofrido, com muita experiência de vida.

É mais uma etapa que teremos de vencer juntas, eu, Ana da Cigana Natasha, e Edileuza da Cigana Nazira. Neste momento, entregamos em suas mãos este livro que acaba de ser editado e que esperamos que seja de seu agrado.

Que o povo cigano os ajude a superar todos os obstáculos de sua vida.

Introdução

Vida de Cigano

Muitos gajões (não-ciganos) não sabem que a vida de cigano é uma vida dura. Os ciganos cozinham de cócoras; lavam roupas da mesma maneira; a cama de um cigano é um tapete; ali, na barraca fechada, dormem no chão pais e filhos, todos juntos. Eles não são mendigos, mas seguem outra doutrina de vida: o Sol, a Lua e a chuva fazem parte da sua família. Quando chegam a um lugar e montam suas barracas, vêm sempre os gajões tirá-los dali, presos a preconceitos que os antepassados dos gajões transmitem de geração a geração. Por incrível que pareça, até os dias de hoje, as sociedades não perceberam que o verdadeiro cigano não faz mal a ninguém, não quer suas terras; quer apenas fazer pousada por algum tempo. Mas os gajões não aceitam conviver na mesma localidade.

Espero que, no futuro, os gajões tenham mais coração e aprendam que os ciganos são seres humanos iguais a eles, pois são todos filhos do mesmo Deus, o que criou o Universo, os animais, criou o homem à sua semelhança e os fez procriarem, aumentando, assim, a raça humana.

As crianças ciganas são iguais a qualquer outra criança. Os velhos ciganos são iguais aos de qualquer família, pois já viveram bastante, adquirindo, assim, a capacidade de ensinar aos mais novos o segredo da vida.

Cada cidadão tem sua opção de vida e cada um escolhe o que é melhor para sua família. Se o bisavô, o avô, o pai e o filho cigano querem seguir esse modo de vida, deixe-os em paz. Esse foi seu passado, é seu presente e será seu futuro. Se esse povo não quer viver entre paredes de tijolos, se gosta de dormir em cima da mãe terra, sentindo sua energia, esse pov.o tem o direito de escolher seu modo de vida e de ser feliz assim.

Os ciganos têm suas tradições, gostam de quem gosta deles, respeitam para serem respeitados; mas, infelizmente, os gajões não respeitam esse povo. Não queiram os gajões mudar as tradições de um povo sofrido, mas, acima de tudo, respeitador e carinhoso com seus semelhantes, acima de qualquer credo ou religião.

É porque os gajões querem mudar seus hábitos, principalmente os dos Calons, que estes têm seus mistérios. As pessoas acham que é muito fácil falar do povo cigano. Na época de hoje, muitas revistas trazem algo sobre esse assunto. Muitos vão para o rádio falar sobre o casamento, a vida e a morte. Pegam uma revista, copiam o que está escrito e pensam que já são sabedores de tudo. Com os ciganos não é assim. Os ciganos têm muitos mistérios que não aparecem nas revistas ou nos livros. São muitas magias que são passadas dos avós para seus grupos familiares, e que os mais novos são proibidos de divulgar fora do círculo cigano.

Se agora eu falo sobre esse povo misterioso, é porque tenho ordem do meu *Kaku*; mas ele sempre me lembra de que nem tudo pode ser falado, pois certos segredos terão de ser levados para a morada espiritual quando eu deixar este mundo.

Se quiserem, vocês também podem falar sobre os ciganos, mas nunca inventar algo sobre o que não conhecem, pois os espíritos ciganos irão lhes cobrar o que fizerem de errado.

Essa é a mensagem que nós, Ana da Cigana Natasha e Edileuza da Cigana Nazira, trazemos a todos.

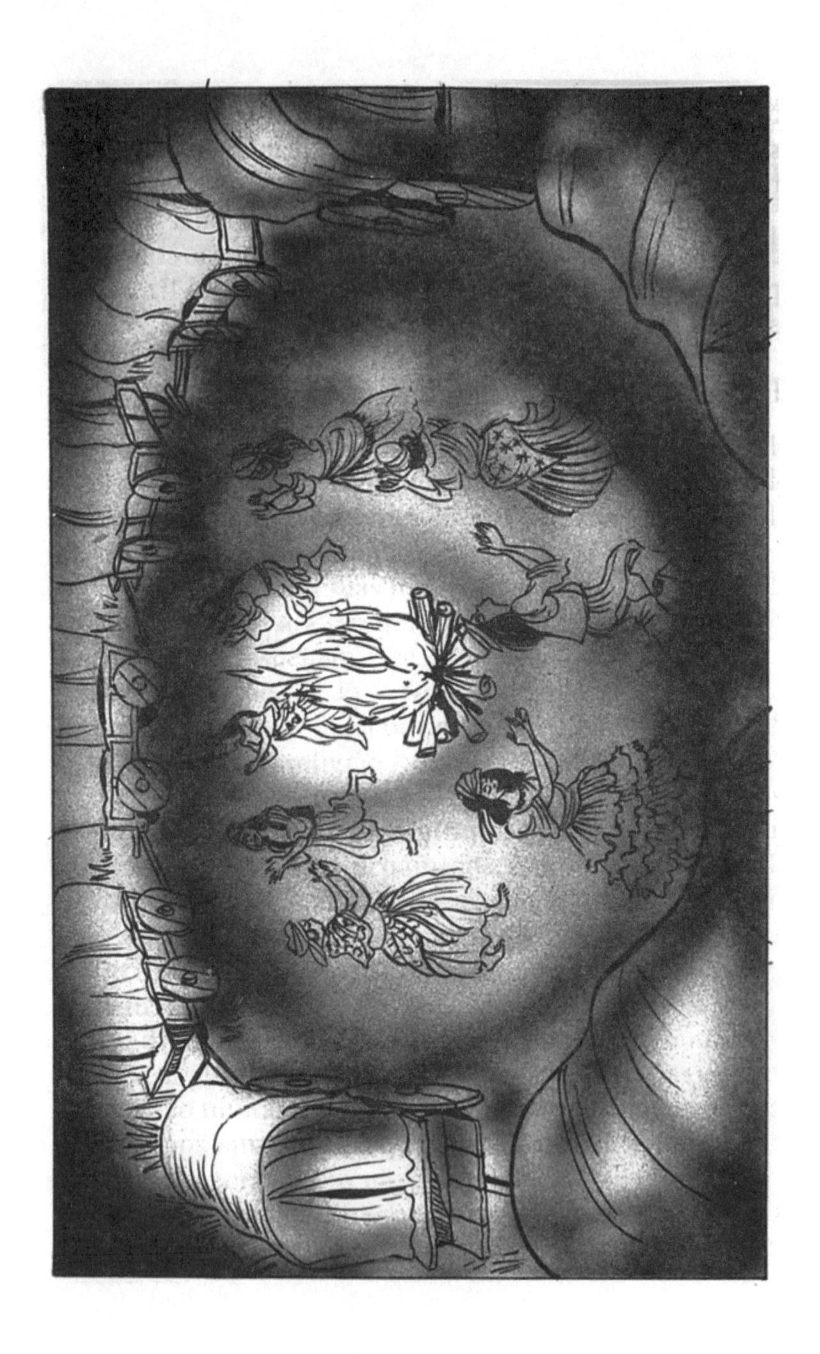

Histórias do Povo Cigano

Imagine-se, hoje, num acampamento cigano. A fogueira está acesa; a música, a dança são alegria nos invadindo. Um tapete grande e colorido é a nossa mesa; em cima dele estão o vinho, o pão, os assados, os quibes, as frutas e os doces que são servidos à vontade.

As ciganas são mulheres de longos cabelos cor de azeviche, derramados pelas costas, e roupas de cores vivas. Os pés descalços parecem lhes permitir saborear o contato com o solo. Os ciganos são vigorosos, com grande sensibilidade e desejo de liberdade total. Seriam capazes de penetrar céu a dentro sempre que lhes aprouvesse deleitar-se com as estrelas à noite. Os ciganos são nômades, sonho de todos os homens num período de suas vidas.

A fogueira, lançando ao alto suas chispas, espalha uma luz alaranjada que nos faz dançar à sombra dos que se reúnem em torno dela.

O dia já está para trás, as sortes já foram lidas. Os ciganos tomam seus violinos, violões, acordeons, pandeiretas e *czimbalons* (um instrumento de corda proveniente da Índia) e penetram noite a dentro a tocar, enquanto os cantores e dançarinos vão ganhando mais vivacidade e ardor.

À medida que o fogo vai esmorecendo, exprime os sonhos e a grande tristeza que muitas vezes esse povo sente; e, no som das cordas que morre com a última fagulha da fogueira, todos se recolhem, para se erguerem com os primeiros raios de Sol.

Agora que já sabemos como é uma noite no acampamento dos ciganos, vamos conhecer a história de alguns deles separadamente.

O Cigano Tarin

No acampamento na cidade de Fedala, uma enorme fogueira foi armada. Era uma linda noite de Lua cheia. O cigano Tarin fez a energização, acendeu a grande fogueira e ofereceu-a à Salamandra. Tarin ficou perto do fogo, enquanto os ciganos ficavam em círculos ao redor. Olhando para as chamas, Tarin começou a falar:

– Salamandra, tu que és o fogo vivo, queima todas as maldades do mundo com tua língua de fogo e abre os caminhos para os ciganos passarem. Ó Deusa encantada do fogo, queima todas as impurezas deste mundo.

Neste momento, as labaredas ficaram mais altas e transformaram-se numa mulher com cabelos de fogo. A seguir, aos poucos, a grande fogueira foi ficando normal.

Todos os ciganos bateram palmas. Então, o cigano Tarin jogou muitas folhas na grande fogueira, a fumaça perfumou o ambiente e os ciganos começaram a dançar ao som dos violinos.

Salve, Salamandra, salve o fogo vivo.
Salve os ciganos.

O Nascimento de uma Criança Cigana

Cada criança cigana que nasce é uma esperança de continuidade da cultura desse povo. Em todo grupo cigano, o nascimento de uma criança é motivo de festa, principalmente se for o primeiro filho de um casal.

Para começar, todo bebê é considerado por eles um ser muito especial, que traz ao mundo novos elementos do Universo com uma mensagem de esperança para toda a humanidade; também é um sinal de continuidade e reforço do grupo. Se for o primogênito de um casal, representa a inauguração de uma nova família. A criança será tratada com o máximo de carinho e respeito por todo o grupo, e seu nascimento merecerá uma longa festa de dois ou três dias. Mais tarde, ela será batizada em uma ou várias religiões. Os ciganos fazem questão do Batismo e acreditam que ele traga sorte. Mas o ritual mais marcante é o do nome; este, sim, um verdadeiro Batismo cigano. Sua realização começa no momento da primeira mamada, quando a mãe sopra ao ouvido da criança seu nome secreto que ninguém mais conhecerá e que só lhe será revelado no dia do seu próprio casamento. Mais tarde, nos festejos, a criança receberá um segundo nome, este para ser usado e conhecido no grupo. Finalmente, terá também um terceiro nome, este para ser usado apenas no mundo dos *gadje* (gajões). Assim começará a ser forjada a identidade cigana dessa criança, seu primeiro mistério e a relação diferenciada com o mundo dos não-ciganos.

Com o nascimento do primeiro filho, o jovem pai ganha prestígio, autoridade e responsabilidades iguais às dos mais velhos. A mulher também se beneficia com a maternidade, já que deixa de ser *bori* (nora) para virar mãe. Isso dá mais autoridade à cigana.

Bem, meus leitores, essa história não é um relato infalível, mas o resumo de alguns detalhes mais importantes sobre o nascimento da criança cigana.

História da Tia Zinara

Na Turquia, é intensa a cultura da amoreira para a antiqüíssima indústria da seda. De seus produtos de artesanato, são célebres os espessos e macios tapetes turcos de esplêndidos desenhos. Para muitos, eles servem de ornamento; mas, entre as tribos que os fabricam, são usados como pavimentos, camas, toalhas, assentos e outros fins. Com o pêlo das cabras angorá, fabricam também a lã macia e quente para montaria.

As tribos dedicam-se ao pastoreio. A zona costeira que dá para o Mediterrâneo é a mais rica e fértil. O clima é idêntico ao da Europa Meridional, com verão seco e inverno suave. Ali crescem oliveiras, árvores frutíferas e toda espécie de hortaliça. A região do Mar Negro não é muito quente nem muito fria, mas, em compensação, é muito chuvosa; ali há bosques muito desenvolvidos e espessa vegetação própria de clima úmido.

As cidades turcas são muitas: Istambul, Ancara (que é a capital), Izmir ou Esmirna, Adana etc. A mais bela dessas cidades é, sem dúvida, Istambul, que surge nas margens verdejantes do Bósforo, com belas avenidas, bairros modernos e um grande porto. Toda Istambul está impregnada de lembranças, como a do caso de energização e vidência que Tia Zinara me contou e que lhes vou contar.

Em cima de um lindo tapete estava uma bacia de louça azul-clarinho, com água limpa e cristalina; no fundo, uma moeda de ouro; do lado direito, uma vela amarela iluminava a bacia; do lado esquerdo, um incenso de ópio perfumava o ambiente. Tia Zinara estava em frente à bacia e começou a fazer a energização:

- Água cristalina, reflete nesta moeda o que desejo ver. Pelos poderes da vidência, pela energização da fumaça do incenso de ópio, pela chama desta vela, que o meu terceiro olho possa enxergar o passado, o presente e o futuro da humanidade.

Depois disso, ela abriu os olhos e começou a falar com a consulente. A moça, que estava de pé, espantou-se:

- Não é possível, só eu sabia disso!

E assim continuou a conversa pela noite inteira, até o pai Sol acordar. Quando acabou, conta Tia Zinara, ela ajoelhou-se e agradeceu a vidência ao solo turco, principalmente a Istambul.

Quando a história terminou, eu abracei Tia Zinara, perguntando:

- Como a senhora se lembra de tudo isso?

E ela respondeu:

- Ana, essa lembrança nunca sairá do meu pensamento, nem a cidade de Istambul.

Ciganos no Rio de Janeiro

Em um bairro do Rio de Janeiro, a fogueira estava acesa. A alegria era contagiante, com os violinos, os violões, os acordeons, as pandeiretas e os *czimbalons* tocando.

A festa era linda, com alegria total. No chão havia uma vala funda cheia de brasas; por cima, estavam os assados, feitos como churrascos. Era um dia muito especial, 12 de outubro, quando os ciganos festejam Nossa Senhora Aparecida. No meio de uma mesa coberta com uma toalha de linho branco estava a imagem de Nossa Senhora Aparecida; em volta, os pratos com um pouco de tudo o que os ciganos irão comer, com muita fartura.

Em certa hora, o chefe da tribo sentou-se à cabeceira da grande mesa e começou os agradecimentos à santa:

– Senhora Aparecida, aqui estamos todos sentados para agradecer tudo o que a Senhora nos deu este ano. Peço à Senhora Aparecida que nos ajude a ultrapassar todos os obstáculos que porventura cheguem a nossas vidas.

Depois dessa reza, começa a ceia, com a santa no meio da mesa. A alegria é muita, pois isso tudo é para a protetora de um grupo de ciganos do Rio de Janeiro.

A Cigana Conxita

É uma cidade linda da Bolívia a cidade de Santa Cruz de la Sierra. Lá estava um acampamento cigano. Quando se aproximou dele uma moça bonita, de olhos doces e voz suave, Conxita foi a ela e perguntou o que uma moça tão bonita estava fazendo ali. A moça respondeu:

- Deixei minha terra e vim viajando para tentar a vida e ganhar dinheiro, para sustentar minha família.

Logo veio a amizade entre elas. Conxita disse para a moça:

– Pode ficar conosco, pois você não tem ninguém, nem dinheiro para viajar.

Cinco minutos depois, Conxita, que olhava a moça, disse:

– Você parece minha irmã.

A moça perguntou onde estava sua irmã. Conxita respondeu:

– Ela abandonou o acampamento e foi atrás de um rapaz por quem estava apaixonada, e nunca mais soubemos de seu paradeiro. Você, querida, parece muito com ela. Minha irmã, quando nos deixou, tinha 17 anos. Hoje, ela estaria com 37 anos.

A moça espantou-se:

-Que coincidência, Conxita! Minha mãe tem 37 anos e eu sou a cópia dela. É estranho, mas na minha família só se fala nos parentes do meu pai. Nunca soubemos dos parentes de minha mãe.

Conxita mudou de asunto.

-Vamos para a barraca, a *tsara*. Ali você ficará e de manhã levantaremos acampamento.

Deixando a moça na barraca, Conxita, que se sentia estranha, foi falar com Bóris:

-Bóris, temos uma moça no acampamento.

Bóris respondeu:

-Isso não pode acontecer, pois você sabe que não devemos deixar estranhos em nossas barracas nem no acampamento.

Mas Conxita falou:

-Essa moça se parece muito com Lilliaq. Tenho certeza de que é filha de minha irmã.

Bóris perguntou:

- Tem certeza do que está falando?

E Conxita disse:

- Tenho. Ela é nossa sobrinha, Bóris.

-Vamos esperar, Conxita. Amanhã levantaremos acampamento e iremos paia Cochabamba. Lá falaremos sobre isso.

De manhã, os ciganos levantaram acampamento e a moça foi com eles. Depois de muitas noites e dias, chegaram a Cochabamba, armaram as *tsaras* e acenderam as fogueiras, pois já era noite. Bóris chamou Conxita, Rochiel, Killiaq e a moça para conversar, e aproveitaram para fazer-lhe perguntas. A primeira foi Conxita.

-Querida, como é seu nome?

-Eu me chamo Sara Rodrigues.

- Quem lhe deu esse nome? Foi seu pai ou sua mãe?

- Foi minha mãe, pois ela é devota de Santa Sara.

- Querida, como é o nome de seu pai?
- Ricardo Rodrigues.
- E de sua mãe?
- Saramim Rodrigues. Por isso é que ela é devota de Santa Saia: pelo seu nome.

O segundo a fazer perguntas foi Rochiel.

- Sua mãe tem na orelha direita uma bolinha como se fosse um brinco?

A moça espantou-se:

- O senhor conhece minha mãe? Não é possível, ela está muito longe daqui!
- Sua mãe gosta de sentar-se em cima das pernas?
- Sim, ela tem essa mania.
- Você tem irmãos?
- Sim, somos seis.
- Qual é o nome dos seus irmãos?
- Eu sou a mais velha, Sara; o segundo é Ricardo, a terceira é Conxita. Foi por isso que eu me apeguei a você, Conxita, pois tem o nome da minha irmã. O quarto e quinto são gêmeos, Killiaq e Lilliaq; são nomes estranhos. Uma vez, perguntei a minha mãe por que esses nomes, e ela me disse que, quando estava grávida deles, sonhou com um bando de ciganos; um rapaz dizia ser seu irmão gêmeo e queria que ela colocasse o nome dele no menino e o dela na menina, e dizia que seu nome era Lilliaq e que o dele era Killiaq. E quando meus irmãos nasceram, ela colocou esses nomes. A sexta é Elizabette, que minha mãe dizia ser a deusa do Sol, mas nunca me explicou o porquê dessas palavras.

O terceiro a perguntar foi Killiaq.

- Não sei o que vou perguntar, pois estou emocionado com as suas respostas. - Respirou, olhou a moça e perguntou: - Querida, onde está sua família?
- Minha família está no Brasil.

– Seu pai é bom para sua mãe? – E nesta hora seus olhos se encheram de lágrimas que rolaram pela face.

– Meu pai adorava minha mãe e foi muito bom para ela. Foi pena que não teve muita sorte no trabalho e não pôde dar à minha mãe o conforto que ela merecia. Na hora de sua morte, ele falou: "Saramim, queria ser um homem rico para cobri-la de presentes, pois você o merecia. Você é a mulher mais forte deste mundo, pois, por amor a mim, deixou tudo de lado. Eu a amo e sempre irei amá-la." Foi quando ele morreu em seus braços.

Nesta hora, os ciganos choraram e abraçaram a moça. Bóris perguntou-lhe:

– Querida, por que você veio para cá? Foi por estar sem emprego, foi por quê?

– Foi para tentar ganhar dinheiro e dar conforto à minha família, por causa das palavras de meu pai na hora da sua morte. Foi isso que me fez tomar esta atitude.

Todos os ciganos resolveram ajudá-la. Ela tornou-se uma cigana de fato, viajando para ali e para cá, fazendo pre-visões, lendo as mãos, pois ela tinha esse dom desde menina; já na escola, previa as coisas para as coleguinhas; e não foi difícil aprender os hábitos e a doutrina dos ciganos. Depois de três anos, ela chamou Conxita e disse:

– Irei para o Brasil, levar algo para minha mãe e meus irmãos. Conxita, já decidi, vou trazer minha família para cá.

Então Conxita disse:

– Agora é hora de nós duas conversarmos, querida Sara. Você é filha de minha irmã Lilliaq, que deixou o acampamento com seu pai Ricardo Rodrigues. Sou sua tia; Bóris, Rochiel e Killiaq são seus tios e sua mãe é gêmea de Killiaq. Quando você chegar a casa, vá com calma, para não ter problemas com a sua mãe.

Sara voltou para o Brasil. Chegando a casa, contou tudo para a mãe, que caiu em prantos dizendo:

- Não é possível que o destino tenha nos colocado de novo junto com meu povo! Será que eles me perdoaram por ter abandonado minha doutrina e minhas raízes por amor, minha filha?

- Sim, mãe; você é cigana e eles estão de braços abertos para recebê-la. Vim buscá-la, vou levá-la para junto de seus irmãos, pois somos uma família cigana.

-Ricardo não vai querer ir; já tem 21 anos e quer seguir seu caminho. Conxita está casada e já tem uma filhinha, não pode deixar o Brasil. Killiaq e Lilliaq estão com 19 anos e Elizabette tem 18 anos.

-Mãe, o que quer dizer Elizabette?

-E a rainha do Sol, a deusa do Sol e do fogo; é o segundo nome de Salamandra, a rainha do fogo vivo.

Assim, partimos, eu, minha mãe e meus três irmãos. Chegando ao acampamento, fomos recebidos com muito amor e carinho pela nossa família cigana. Conxita e minha mãe ficaram abraçadas por mais de cinco minutos e o Sol mandou seu raio de luz sobre as cabeças das ciganas. O cigano Killiaq aproximou-se de Saramim e disse:

-Eu a perdôo por ter-me deixado. Somos filhos do vento e ele sempre traz o que levou.

Desde então, ficaram todos juntos como autêntica família cigana e foram muito felizes.

Killiaq passou a ajudar os tios a tomar conta da tribo; Sara se casou e logo ficou grávida. Logo a seguir, Lilliaq ficou noiva, casando-se em breve; e, muito tempo depois, Elizabette se tornou a cigana mais famosa da Europa, sendo conhecida pelo nome de Madame Lilliaq de Devison. E essa é uma história verdadeira.

Os Ciganos em Córdoba

O grupo estava na cidade de Córdoba. As *tsaras* estavam armadas. Era o dia 12 de outubro de 1900. Sarita, Rosita e Pablo juntaram-se para fazer suas magias. Pablo tinha nas mãos três maçãs bem vermelhinhas; tirou a faca da cintura, cortou-as em forma de pirâmides e entregou uma a Sarita e outra a Rosita, paia elas fazerem suas magias.

A primeira foi Sarita, que fez um buraco no fundo da maçã, colocou dentro o pedido de uma senhora que estava com a filha doente e arrumou a maçã num tacho, coberta com lentilhas, açúcar e eiva-doce. A segunda foi Rosita, que pegou um lenço amarelo e, com tinta vermelha extraída de eivas, desenhou dois corações entrelaçados e o nome do casal, pois a mulher a tinha procurado paia uni-la ao marido; depois, colocou a maçã em cima do lenço com duas cartas, a Dama de Ouro e o Valete de Ouro, e, cobrindo com grão-de-bico e açúcar, enrolou, formando uma trouxa. O terceiro foi Pablo, que fez uma magia de amor: num tacho de cobre, colocou a maçã e um casal de bruxos (bonecos de pano) unidos pelas costas com alfinetes.

Com tudo feito, os ciganos colocaram suas magias no chão; fizeram em volta uma vala circular e nela colocaram fogo, fazendo uma fogueira redonda. O céu azul lindo e a Lua cheia abençoavam essas magias. Era lindo de ser visto, pois isso é um trabalho de força e de mistério do povo cigano, que, com sua energia, alcança seus objetivos. E Córdoba foi testemunha dessa magia cigana.

Ciganinho Mirro

Eu desejaria habitar num cantinho sossegado do mundo em que o ciganinho Mirro vive. No seu mundo, as estrelas falam e o céu se desdobra sobre sua cabeça. Ele se diverte com as nuvens leves e as cores do arco-íris. Todas as coisas que parecem mudas e incapazes de movimento dirigem-se lentamente, à sua janela, com bandejas cheias de brinquedos luminosos.

Eu desejaria viajar pelas estradas cruzadas pelo cigano Mirro que, como mensageiro, corre brincando entre um e outro reino, uma vez que não conhece suas fronteiras.

Abençoa esse coraçãozinho, esse cigano que conquistou para a terra os beijos do céu.

Seu amor é dado à luz do Sol, e o que ele prefere é contemplar a face de Santa Sara. Ele nunca aprendeu a desprezar o pó nem a correr pela cobiça do ouro. Aperta-o em teu seio e abençoa-o.

Ele veio para esta terra por cem caminhos. Não sei como ele te escolheu por entre a multidão, como chegou à tua porta e segurou tua mão para que lhe ensinasses o caminho. Ele te seguirá, tagarelando e rindo, sem sombra de dúvida em seu coração. Conserva a sua confiança, protege sua inocência, leva-o com carinho e abençoa-o.

Abre tuas mãos sobre sua cabeça e roga que, se as ondas do mar se levantarem, o sopro do vento desça das alturas para encher suas velas e conduzi-lo até o porto da paz.

Não se esqueça desse ciganinho. Deixa-o vir ao teu coração e abençoa-o.

Cigana Zaira

Espanha! Terra de sonho, Sol, flores e músicas, das roupas coloridas do meu povo.

Um príncipe saía escondido do castelo vestindo roupas de plebeu. Ele queria estar entre os ciganos e assim o fez. Juntou-se aos ciganos e começou a dançar ao som da música e da alegria desse povo. Nesta hora, passou a cigana Zaira e disse:

– Vamos dançar.

Ao passar perto dos vinhos, pegou uma caneca para ela e outra para ele. O príncipe, que naquela hora era um plebeu, disse que, ali, até o vinho comum lhe parecia infinitamente melhor do que o da sua adega.

Zaira rodopiava, mergulhada na música. Nos braços dele, seu corpo jovem e belo parecia ter asas e em seu rosto havia satisfação. Olhando-a, o príncipe falou:

– Como te chamas, cigana bela?

– Sou Zaira – disse ela. – E tu, como te chamas?

– Meu nome é Sol.

Ela alisou-lhe o rosto com suavidade e disse:

– Não és cigano, quem és?

– Não sou cigano, sou um pobre-coitado.

Ela riu e ele disse:

– Não nos deixaremos mais.

– Virás conosco; se não és ninguém, podes ser cigano.

Ele sorriu, pensando: "Se eu pudesse!" Mas, por que não? Talvez fosse possível ficar uns tempos com eles; seria fascinante. A esta altura, ele não se conteve. Levou-a para um lugar deserto e, no campo ermo, à luz das estrelas e da Lua, amaram-se loucamente.

Os encontros dos dois foram muitos, até que um dia ela disse:

– Iremos levantar acampamento amanhã.

Mas ele não poderia ir. A cigana continuou:

– Tu és fidalgo, mas te quero assim mesmo. Vem conosco.

Mas ele disse:

– Nada vou te esconder de minha parte. Eu sou o príncipe herdeiro do trono. Esquece-me, pois não podemos mais estar juntos. – E foi-se afastando.

Zaira olhou para o céu e disse:

- Isto é para que eu aprenda que as ciganas não podem se casar com gajões (não-ciganos).

O tempo passou. Viajando daqui para lá, depois de nove meses, Zaira deu à luz uma menina e veio a falecer. Essa menina se chamou Zaina e um cigano tomou-a sob sua proteção. Passando o tempo, quando Zaina estava com 16 anos, veio a acontecer o mesmo que acontecera à sua mãe, e ela deu à luz uma menina, vindo a falecer. Esta menina se chamou Zanair.

Foi, então, que o cigano protetor de sua mãe, Petrovik, levou a criança para que fosse feita uma magia, pois teria de ser desfeita a maldição que sua avó trouxera para sua mãe e que automaticamente iria passar para ela. Foram chamadas todas as feiticeiras da tribo, colocaram a criança em cima de uma folha grande e começou o ritual. Quando uma das feiticeiras viu Zaira, disse:

- Leve-a para o rio e faça as preparações. Depois, enterre aquele pano dourado que é meu, que está no carroção dentro do baú, debaixo de tildo. Foi o fidalgo que me presenteou, e este pano é a maldição.

Isto foi feito.

Quando Zanair fez 16 anos, foi se casar com Ramires. Era noite de primavera e o acampamento cigano estava em festa. As carroças formavam um círculo, enfeitadas com fitas coloridas. As fogueiras estavam acesas, o vinho saía das pipas borbulhando, havia muita comida e alegria. O cheiro das castanhas assadas misturava-se ao cheiro dos assados, despertando o apetite de todos.

Todo o bando se reuniu no centro da clareira, em torno de Ramires e Petrovik. A carroça de Zaira se abriu e Zanair saiu suavemente. Ela estava linda: sua túnica bordada reluzia, sua saia rodada estava recoberta de pequenas pedras de cristal e bordados.

Ramires esperava. A jovem aproximou-se do grupo. Petrovik tomou a mão de Ramires, juntou-a à de Zanair e teve início a cerimônia. Ao fazer o casamento, Petrovik estava emocionado e feliz, pois as feiticeiras haviam desmanchado a maldição. Ele sabia que Ramires e Zanair seriam muito felizes.

Zanair, com a mão trêmula, sentiu a pressão firme da mão de Ramires e estremeceu. Estava feliz, amava e era amada, os dois eram ciganos. Petrovik afastou-se e chorou. Foi quando avistou Zaira, que estava com Zaina. Elas tinham conseguido permissão de Bel-Karrano para assistirem ao casamento que fora coroado de sucesso, pois Zanair teria tudo o que Zaira e Zaina não tiveram: o amor verdadeiro, o respeito, um companheiro e um esposo paia a estiada da vida.

Isso, meus leitores, foi a história de Zaira, Zaina e Zanair. Se vocês observarem que o nome Zaira tem cinco letras e Zaina também, e Zanair tem seis letras, verão que ela veio para tirar a maldição.

Cigana Katrina

Era noite de Lua cheia. Eu e minha tia estávamos sentadas à beira da fogueira. Contemplávamos a Lua que estava linda, dando uma energização de paz. Aproximou-se a cigana Katrina, trazendo numa das mãos uma panela de ferro, com dois bonecos e duas almofadinhas em forma de coração, e, na outra, uma sacola com alguns objetos. Tia Zinara perguntou-lhe:

- Vai fazer a magia da união?

Katrina respondeu com um sorriso:

- Sim, pois aquela moça que estava conversando comigo ontem me pediu para fazer a união de sua filha com o esposo, que queria deixá-la por outra mulher.

Tia Zinara logo se prontificou a ajudá-la. Eu logo perguntei:

– Posso ajudá-la em alguma coisa?

Katrina respondeu:

– Se tu, Zinara, e Ana querem me ajudar, eu agradeço.

Começamos a magia. Katrina apanhou os bonecos e mandou que eu os batizasse com seus nomes e pedisse à Lua cheia a energização. Fiz tudo o que ela pediu. Então, Katrina disse à tia Zinara:

– Você pegue as brasas da fogueira e coloque na panela de ferro.

Tia Zinara fez o que ela pediu. Então, nos sentamos: Katrina no meio, tia Zinara no lado direito e eu no lado esquerdo. Katrina era mestra em fazer união: pegou os bonecos e começou a amarrá-los com fitas coloridas. Depois, juntou as almofadinhas e falou assim:

– Como estas almofadinhas estão unidas a estes bonecos, que fulano e fulana estejam sempre juntos.

Katrina pediu a tia Zinara que jogasse um preparado na panela. Enquanto a fumaça subia, ela dizia:

– Fumaça sagrada, cubra este casal; que a quentura destas brasas aqueça os corações de fulano e fulana, assim como está aquecendo estas almofadinhas em forma de coração.

Enquanto Katrina estava fazendo a magia do amor, eu olhei para o céu. A Lua cheia estava em cima de nós, dando a energização de paz e amor. Katrina pediu a tia Zinara que apanhasse dentro da sacola um lenço dourado. Tia Zinara apanhou o lenço e entregou-o a Katrina. Ela enrolou com ele os bonecos, fez uma trouxa e disse:

– Está feita a magia da união e paz.

Colocou a trouxa no chão e começamos a rezar. Ficamos todas de joelhos, em frente à grande fogueira e à panela, e Katrina puxou a reza, dizendo assim:

- Pela força da fogueira, pela força da panela de feiro com brasas, pela magia, pela maior das energizações que é a da Lua cheia, nós pedimos a união e paz para este casal.

E jogou o resto do preparado na panela. Formou-se uma fumaça que cobriu a nós três. Quando a fumaça acabou, só restaram a panela, o lenço esticado e a grande fogueira. Katrina disse:

- Bel-Karrano nos atendeu. Está feita a união do casal.

Retiramo-nos e fomos descansar. De manhã, ao me levantar, vi a mesma moça junto a Katrina. Aproximei-me e escutei a moça dizer:

- Katrina, você é maravilhosa. Meu genro e minha Filha viajaram esta manhã e foram para a segunda lua-de-mel. Agora, cigana Katrina, o que quer de mim?

Katrina olhou a moça e disse:

- Dê-me o que achar que eu mereço.

A moça tirou do pescoço um cordão grosso de ouro, com uma medalha de Nossa Senhora de Fátima, e deu para Katrina, dizendo:

- Isto não paga o que você fez por mim, mas é uma recordação de gratidão.

Katrina colocou o cordão no pescoço e se afastou, e a moça foi embora do acampamento.

Meus leitores, eu fiquei olhando e disse para mim mesma: como é gratificante ver meu povo trabalhai ! Katrina podia pedir muito dinheiro, mas não o fez. Ganhou um presente que, embora valioso, para Katrina era apenas mais um cordão no seu pescoço, pois Katrina era vaidosa, e não ambiciosa.

Cigana Najara

Vinha um homem montado em seu cavalo, no seu passeio costumeiro, naquela planície verde e linda, quando, num certo local, seus olhos viram uma mulher de cabelos longos, negros da cor do azeviche, olhos pretos e grandes, lábios muito rosados, mas de um rosado natural, e pele muito clara fazendo contraste com a cor dos cabelos. Ela sorriu; ele aproximou-se e perguntou:

- Qual é o seu nome?

Ela respondeu:

-Sou Najara.

Desde este momento, o cavalheiro interessou-se pela moça. E, desde então, lá estava ele, todos os dias, naquele mesmo horário, ao nascer do Sol.

Depois de muitos dias, começou um romance entre o cavalheiro e a moça. Passado o tempo, ele disse para ela:

-Querida, tenho de fazer uma viagem. Não sei se volto ou não.

Najara pegou sua mão e disse:

- Nunca mais você vai me ver. O nosso amor foi muito bonito, mas irei perdê-lo.

Tirou uma moeda do seu colar e disse:

- Leve isto, pois esta moeda é eterna, mas eu não sou.

O cavalheiro afastou-se. Najara olhou para o Sol e disse:

- Lua de fogo, és a quentura que aquece a Terra. Obrigada por aquecer minha alma.

O tempo passou. O cavalheiro voltou e começou a procurar aquela moça tão linda. Quando avistou um lenhador, perguntou-lhe:

- Conhece uma moça clara, de cabelos negros e olhos pretos, cujo nome é Najara?

O lenhador assustou-se com a pergunta. O cavalheiro insistiu e o lenhador disse:

- O senhor está falando de Najara, a cigana, que lia o passado, o presente e o futuro. Senhor, essa cigana já é morta há muitos anos.

O cavalheiro disse:

- Você está louco! Ela me deu esta moeda! - E contou-lhe todo o romance com a linda moça. Ao terminar, o lenhador disse:

- Senhor, guarde esta moeda, pois isso é a proteção da cigana mais linda que eu já conheci neste lugar. Ela, em vida, era a protetora dos injustiçados e conselheira no amor.

O cavalheiro disse ao lenhador:

- Quando eu a encontrei, estava com muitos problemas, principalmente no amor, pois tinha sofrido uma desilusão.

O lenhador disse:

- Guarde, então, esta moeda com muito carinho, pois Najara irá ajudá-lo.

Quando chegou a casa, o cavalheiro recebeu a notícia de que uma de suas tias iria visitá-lo. Passados alguns dias, a tia chegou; vinha com a filha. Quando o cavalheiro chegou perto da prima para cumprimentá-la, levou um susto - era aquela moça que ele encontrara em seus passeios matinais, o mesmo cabelo, os mesmos olhos, lábios e cor clara. Mas, na verdade, era sua prima, que viera para apagar o sofrimento que ele tivera com a noiva. Najara ajudou o cavalheiro a esquecer a traição. Dali começou seu romance, e vieram a casar-se. Quando nasceu sua primeira filha, tinha o rosto de Najara. Então, ele disse:

- Está aí minha Najara.

Essa história foi psicografada pelo cigano Ramão, que, em vida, foi o marido da cigana Najara.

Grupo Natasha

No grupo Natasha, o Rei Nicolas convoca todos os ciganos para fazerem mais uma magia da coruja branca. Lá estão Wladimir, Ruan, Pablo, Ramires, Hugo, Hiago, Tiago, Wleziario, Kapisteano, Artênio, Wenceslau, Wlais, Pedrovik, Bóris, Nazira, Saiame, Wanacha, Zilá, Íris, Ilarin, Wlavira, Wlanira, Miroan, Melani, Flávia, Najara, Zaida, Zoraide, Sarita, Rosita, Zaira, Zaina, Zanaí, Carmelita, Sulamita. Todos estão em volta do Rei Nicolas e da Rainha Katiana formando uma roda, de mãos dadas. Vai começar a magia da coruja branca junto a uma grande fogueira. Nicolas está com a coruja nas mãos. No chão, está uma grande panela de pedra. Katiana coloca na panela muitas ervas, flores, raízes e um óleo que só o grupo tem. Todos os ciganos se ajoelham; só Nicolas e Katiana ficam de pé. Nicolas começa a falar:

– Coruja branca, tu que és amiga dos ciganos, peço que os invejosos se afastem dos nossos caminhos. Coruja branca, você que traz a paz, dai-nos a paz para que o povo cigano seja respeitado por todos. Os ciganos são gente, somos seres humanos iguais a todos os que estão nesta Terra.

Nesta hora, a coruja pia e todos abaixam a cabeça. Katiana acende a fogueira e coloca as ervas, as flores e o óleo em cima dela, fazendo muita fumaça.

A coruja pia três vezes. Quando Nicolas a solta, ela roda em círculos em cima das cabeças de todos os ciganos e depois vai pousar no ombro do Rei Nicolas. Todos os ciganos batem palmas e a coruja pia mais uma vez. Então, a Rainha Katiana fala:

– Pela força da natureza, pela força da Lua cheia, pela quentura do Sol, pela brasa desta fogueira, que os invejosos nunca mais nos perturbem e que haja paz em nosso grupo.

Nesta hora, a coruja pia mais uma vez. Esta coruja branca é toda a magia de paz do grupo Natasha.

Todos os ciganos levantam as mãos para o infinito, agradecendo a paz para o grupo Natasha.

Cigana Miroan

Era Córdoba, uma cidade da Argentina. Os carroções chegaram a essa cidade e logo se posicionaram em círculos. Era à tardinha. Quando a noite chegou, Tiago acendeu a fogueira e as conversas correram animadas entre os ciganos. A Lua estava cheia. Kapisteano pegou seu violino e os ciganos começaram a dançar; em que alegria ficaram! A ceia e a alegria foram até o amanhecer.

Era o dia 10 de outubro de 1880, de manhã. As ciganas Miroan, Pojiana e Técia foram para a praça de Córdoba, para fazer seu trabalho de cartomancia. Lá chegando, Miroan conheceu um moço e os dois começaram a conversar. Depois de várias horas, Pojiana e Tácia aproximaram-se e disseram:

-Miroan, vamos embora. Você ficou aí e não trabalhou. Já é tarde, vamos pai a o acampamento.

O moço perguntou a Miroan:

-Como faço para revê-la?

Miroan respondeu:

- Amanhã, estaremos aqui neste mesmo horário. - E afastou-se.

Chegando ao acampamento, Pojiana disse a Miroan:

- Espero que você não se esqueça de que é uma cigana; esse moço mexeu com você.

Miroan riu e disse:

-Nós, ciganas, não podemos nem ter segredos, pois somos todas iguais, todas sabemos o que vai no pensamento dos outros.

Pojiana disse:

-Cuidado, pois o amor está chegando a seu coração.

Miroan disse a Pojiana:

- Realmente, um dia eu vou me apaixonar, mas por um cigano. Porém, se não for um cigano e sim um gajão, lutarei até o fim da minha vida para ser feliz.

Os dias se passaram. As três ciganas estavam sempre naquele lugar. E aconteceu o que Pojiana dissera: Miroan apaixonou-se. Tiago e Kapisteano chamaram Mi- roan para uma conversa. Tiago foi o primeiro a falar.

– Querida Miroan, sei de tudo o que está acontecendo com você. Miroan, você não pode se esquecer de que é uma cigana e nunca poderia ser feliz longe de seu povo e, principalmente, da sua doutrina. Esse moço não irá deixar os seus costumes para viver os nossos.

Depois, foi a vez de Kapisteano falar:

- Querida Miroan, quer ter uma prova de tudo o que Tiago disse? Peça a esse moço que abandone tudo e venha para o nosso acampamento com você. Nós, ciganos, estaremos de braços abertos. Vocês se casarão no ritual e viveremos todos juntos no grupo cigano.

Miroan deu um beijo no rosto dos ciganos e foi descansar. De manhã, levantou-se bem cedinho e foi ao encontro do moço. Lá estava ele. Miroan falou tudo o que Kapisteano lhe dissera e ficou esperando a resposta afirmativa. Foi quando o moço falou, aborrecido:

– Está louca? Eu ser cigano, nunca! Gosto de você, mas é você, Miroan, que tem de deixar de ser cigana, não eu. Você não voltará para o acampamento. Vamos para a minha casa agora.

Miroan levantou a cabeça e uma lágrima rolou em sua face. Logo se recuperou e disse:

– Nunca deixarei meu povo para acompanhar um amor falso. Quando o amor é verdadeiro, um tem de ceder, mas o que você me pediu é um absurdo.

Miroan afastou-se. Chegando ao acampamento, abraçou Kapisteano e disse:

– Você estava certo!

Nisto, aproximou-se Tiago. Miroan jogou-se nos braços dele e disse:

– Queria muito ser amada por um cigano como aquele moço estava me amando.

Chorando, Tiago disse:

– Eu te amo desde menino, mas nunca falei, pois teria de esperar o momento certo. Hoje é esse dia.

Daquele dia em diante, começou o romance, até o dia do casamento. Tiago e Miroan casaram-se no dia 24 de maio de 1881, dia de Santa Sara.

O casal foi muito feliz. Miroan teve três meninas. Mara, a filha mais velha, nasceu no dia 8 de maio de 1882; Maiane nasceu no dia 13 de dezembro de 1883; e Marrin nasceu no dia 24 de maio de 1885. O falecimento de Miroan foi no dia 13 de agosto de 1901. Sete meses depois, no dia 2 de março de 1902, Tiago veio a falecer também. Todos do grupo sabiam que Tiago não suportaria viver sem Miroan. Por isso, os dois espíritos vêm hoje à Terra para proteger as famílias. Miroan é o espírito do amor maternal.

Meus leitores, essa é a história de Miroan e Tiago, o amor eterno que nem a morte separou, pois, hoje, esses espíritos continuam juntos fazendo a caridade.

Cigana Saian

Foi em Petrópolis, no dia 16 de dezembro de 1950. Estava um grupo de ciganos acampado nessa cidade. As ciganas foram para a praça fazer seu trabalho de ler as mãos. Chegando junto à cigana Saian, duas moças pediram que ela lesse suas mãos para saber sobre um problema pessoal. Quando a cigana Saian pegou a mão da primeira, ficou triste de repente. Olhou nos olhos da moça e disse:

– Você, querida, já fez uma operação e acha que está curada, mas estou vendo que o problema continua. Se você quiser ter certeza, volte ao médico e confira isso.

Quando a segunda deu a mão, Saian disse:

– Sinto muito, mas não vou ler a sua mão, querida, pois tenho de ir ao acampamento para fazer algo para essa moça que está doente. – E afastou-se.

No dia seguinte, a moça foi ao médico e ele disse que ela teria de fazer vários exames. Depois de um mês, foi constatado que ela estava com câncer no útero. Ela já havia tirado um tumor benigno do ovário esquerdo, mas precisava ser operada para tirar o útero.

Sabendo disso, a moça lembrou-se da cigana Saian e contou para sua mãe e seu pai o acontecido na praça. Os pais foram procurar a cigana e, quando a encontraram, relataram o que estava acontecendo. A cigana disse:

– Sua filha está com uma doença, sim, com bruxaria; se os senhores quiserem, eu irei à sua casa. – E os pais da moça concordaram.

Chegando à casa deles, a cigana Saian pediu duas bacias virgens. Depois, disse: – Vou apanhar mato. – E saiu.

Depois cie muitas horas, ela voltou com a saia cheia de folhas e flores. Pediu para esquentar um balde de água. Colocou as flores e folhas na bacia, juntou algo que trouxera parecido com um óleo e jogou a água por cima. Subiu um vapor catingoso, com um cheiro ardido.

A cigana Saian colocou a moça em cima da bacia, sem a roupa íntima, começou a rezar e depois resmungou em sua língua. Quando a água estava fria, sentou a moça na bacia e continuou a rezar e a resmungar. Nesta hora, começou a sair da vagina da moça algo estranho, junto com muito pó, parecido com pó de café. A cigana Saian colocou a moça desmaiada na outra bacia e deu-lhe um banho. Os pais ajudaram a vesti-la, colocaram-na na cama e ela caiu num sono profundo. Nesta hora, a cigana chamou os pais da moça e mostrou o que estava na bacia: era um bicho, semelhante a um polvo com muitas pernas. O pai da moça perguntou:

– Que é isto, que bicho é este?

– Senhor, fizeram um trabalho de bruxaria para sua filha, mas, com a magia cigana, ele foi tirado. Foi algo que ela comeu e foi de um homem.

O pai da moça disse:

– Por que você não falou com ela no dia em que leu sua mão?

– Senhor, os gajões não acreditam no que uma cigana da rua diz; para salvá-la, tive de falar que ela estava doente.

O pai da moça perguntou:

– Como é esse homem que fez isso?

A cigana Saian disse:

– É uma história comprida. Senhor, lembra-se de um empregado seu chamado Artur? Esse homem gostava da sua filha. Quando o senhor descobriu os sentimentos dele, mandou-o embora antes que sua filha descobrisse que ele estava apaixonado.

O pai da moça disse:

– Isso aconteceu, mas ela estava com 15 anos. Hoje, ela está com 18 anos. Puxa, levou três anos para acontecer isso?

– Senhor, ela nunca teve namorado?

– Quando ela começou a namorar, começaram os problemas de saúde.

– Quando ele foi embora, deu-lhe uma fruta para comer e fez o trato de que, se algum dia ela namorasse outro que não ele, a fruta se transformaria num bicho dentro dela.

O pai da moça disse:

- Cigana Saian, esse rapaz já está morto há dois anos.

A cigana Saian mudou a conversa e disse:

- Amanhã, ela será outra moça. – E foi embora.

No dia seguinte, a moça acordou como se nunca houvesse acontecido nada, mas seu pai levou-a ao médico. Este a examinou e, espantado, disse;

- Não sei o que está acontecendo; seu útero está limpinho. Vamos fazer novos exames.

Depois de dias, veio o final da história. Foi constatado que o útero da moça não tinha câncer nem sinal de lesão. A baixaria fora mesmo desmanchada. A moça e seus pais foram à procura da cigana Saian. Lá chegando, não havia mais acampamento: os ciganos tinham ido embora.

No dia 16 de dezembro de 1957, essa moça começou a receber uma cigana em sua aura e começou a fazer curas como aquela cigana fizera com ela. Um dia, estava com a cigana na aura, quando seu pai entrou em casa. Espantado, ele perguntou:

- Quem és tu, pois minha filha nunca viu alguém manifestado e não sabia como é isso?

- Nem quando uma cigana lhe salvou a vida?

- Ela estava inconsciente.

A cigana que estava na aura da moça falou:

- O senhor já me conhece. Há 7 anos, salvei sua filha da morte.

O pai da moça ficou espantado.

- És a cigana que a curou no passado?

- Sim, sou a cigana Saian. Sempre fui espírito, nunca tive corpo, mas, para salvá-la, tive de me materializar em carne e osso.

Hoje, essa moça faz curas com a cigana Saian. Está com 62 anos e mora no sul da França. Seu nome é Florisbela Faria. Para os mais velhos, ela é a mãe Florisbela e entre os mais novos é conhecida como avó Florisbela.

Ciganos em Marrocos

O grupo de Zingra (ciganos) chegou a Casablanca. Zaida e Zoraide foram logo para a cidade e lá encontraram pessoas de todas as raças e credos. Um moço árabe, curioso por natureza, chegou perto de Zaida e Zoraide e passou a examinar tudo o quanto dizia respeito às recém-chegadas. Zaida não ligou, mas Zoraide, atrevidamente, perguntou-lhe:

- Nunca viu uma cigana?

O moço disse:

- Já vi muitas, mas não tão bonitas como você.

Zoraide, mais atrevidamente, respondeu:

- Não é para os seus olhos, árabe.

O moço, então, disse:

- Você vai sofrer muito na vida, pois no seu coração só existe rancor. Por dentro, você é feia. - E afastou-se.

Zaida e Zoraide foram para o acampamento, pois iriam no outro dia para Rabat. De manhã, levantaram acampamento. A caminhada foi difícil. A caravana de cameleiros passava nos maciços rochosos onde implacáveis e terríveis ventos sopravam, embora o céu estivesse azul. Foi difícil, mas chegaram a Rabat.

Diferente de lodos os demais, o mercado oferecia aos compradores sobretudo lãs e tapetes. Esse mercado ficava num pátio cercado de paredes recobertas de vegetação, com muitas flores e trepadeiras. Lá se viam mercadores que decantavam anunciando suas mercadorias. Zaida e Zoraide ficaram deslumbradas com todas as coisas. Não foi muito difícil misturar-se ao povo, pois as mulheres envergavam o clássico traje árabe, com uma túnica longa até os pés, a cabeça coberta e o rosto oculto por um véu.

Lá, Zoraide conheceu Mustafá. Logo se interessou por ele e ele por ela.

Zoraide era muito interesseira e logo se aproveitou dele, pedindo presentes assim que começou o romance entre os dois. Zaida não gostou muito: sabia que sua filha não ficaria com ninguém, pois seu coração era muito ruim e ela só iria brincar com aquele moço, mas Zaida não podia fazer nada.

Zoraide largou o acampamento e seguiu com o moço para Fedala, uma cidadezinha costeira entre Casablanca e Rabat. Com o passar do tempo, entretanto, Zoraide viu que Mustafá não iria dar-lhe mais presentes, pois não tinha mais dinheiro. Como era interesseira, largou Mustafá e voltou para Rabat. Lá chegando, começou um romance com o vendedor de tapetes do mercado. Mustafá não se conformou e foi à procura de Zoraide.

Em Rabat, estava acampado um grupo de ciganos, o grupo de Zingra que Zoraide abandonou. Zaida foi ao encontro da filha, pois tinha tido um aviso de que Zoraide iria sofrer algo de muito mim, mas que ela não poderia evitar, já que Zoraide era muito leviana e iria pagar essa conduta com a vida. Neste mesmo instante, Mustafá chegou a Rabat. Logo encontrou Zoraide, pegou-lhe o braço e disse:

– Cigana, você é minha.

Zoraide disse:

– Não sou de ninguém, sou livre como os pássaros. Não tenho culpa de ser tão bela. Não te quero mais, vai embora da minha vida.

Mustafá disse:

– Cigana, então iremos morrer juntos.

Pegou um punhal e concretizou o que dissera. Zaida chegou tarde demais. Abraçou o corpo da filha e disse:

– Sabia que esse era o seu fim. Não se brinca com os sentimentos dos outros.

Zaida levou o corpo de sua filha para o acampamento. Lá chegando, fizeram uma grande fogueira e queimaram o corpo de Zoraide. O Rei Ruan soprou as cinzas na relva e disse:

– Espírito de Zoraide, que seja purificado para vir à terra ajudar as pessoas com muito carinho e amor.

É por isso, meus leitores, que a cigana Zoraide hoje vem nas auras com muita doçura e meiguice. Essa cigana é quem transmite paz, amor e carinho àqueles que a procuram, pois o seu espírito foi purificado de todas as coisas mins que fez na Terra.

Ciganas Lemiza, Liza, Leoni

Lá estava o grupo de ciganos. Lemiza, Liza e Leoni foram para a praça fazer a cartomancia. Logo chegou uma senhora espanhola, aquele tipo de mulher tradicional, que começou a ofendê-las dizendo:

– Vão trabalhar, vagabundas!

Lemiza respondeu:

– Querida, por que tem tanta raiva do povo cigano? O que nós fizemos de tão ruim para a senhora?

A senhora respondeu:

– Não gosto de vocês. São um povo de nariz em pé, acham-se donos absolutos de si. Essa liberdade que querem não pode existir, pois vocês não respeitam as pessoas tradicionais e dão exemplo ruim para as famílias.

Liza respondeu:

– Nós respeitamos a todos, mas não concordamos em sermos presos por princípios que não são os nossos.

A senhora voltou a falar:

– Vocês, ciganos, não casam em cartórios, nem em igrejas. Nem conseguem morar em casas. Isso me irrita, pois a família tem de morar em um lar.

Leoni respondeu à senhora:

– O que é um lar, para a senhora? Uma casa onde ninguém respeita ninguém? Vivemos todos juntos, com amor e respeito. Uma mulher cigana casada em nosso ritual respeita o marido, nunca trai esse marido. Sabe por quê? Porque fomos ensinadas a respeitar o homem que é pai dos nossos filhos. Cigana não tem filhos de outro homem, só de seu marido. Ela só pode ter outro homem em sua vida se ficar viúva. Senhora, o respeito do ser humano não está em quatro paredes, e sim no coração daqueles que se compreendem.

A senhora baixou a cabeça e foi se afastando. Foi quando esbarrou num senhor que ia passando. O senhor perguntou-lhe:

– Senhora, o que tem?

E ela respondeu:

– Sabe, eu não conhecia profundamente esse povo cigano. Sabe, ser tradicional não nos deixa ver a verdade. Eles têm razão. *A paz interior é mais importante do que a aparência.*

Cigana Yasmim

Um grupo de ciganos chegou a Chipre, a pérola do Mediterrâneo. Conta uma lenda antiga que Vênus, a deusa da beleza e do amor, nasceu das águas espumejantes de Chipre. Não é difícil compreender por que os antigos acreditavam nessa poética fábula: a ilha, fulgurante de luz e de cores, circundada por um mar límpido e azul, é realmente um lugar encantador. E esse lugar tão lindo foi testemunha de um acontecimento com a cigana Yasmim.

O grupo Natasha estava acampado em Limassol, quando as moças do grupo foram para a "água grande" (a praia) para se banhar e se divertir. Em dado momento, a cigana Nazira veio correndo e gritando desesperadamente:

– A água grande levou a cigana Yasmim!

Correram todos do grupo para a água grande, para socorrer a cigana, mas nada viram: o mar havia tragado seu corpo. Então, o *Kaku* revelou a todos que a cigana havia morrido. O grupo todo se ajoelhou e começou a rezar. Permaneceram ali para esperar que a água grande devolvesse o corpo da cigana. Passaram-se vinte e um dias e nada aconteceu. Quando se completaram vinte e três dias, à noite, a Lua cheia surgiu e clareou toda a ilha. O cigano Vlaz, que era o pai de Yasmim, foi para a areia e começou a rezar de olhos fechados. Em dado momento, abriu os olhos e avistou nas águas algo estranho. Parecia um peixe grande que, pulando, veio em sua direção. Ele ficou paralisado com o que via. A cigana Yasmim saía das águas e se dirigia a ele, dizendo:

-Pai, não fique triste. Eu não sou mais da terra, e sim da água grande. Não fique esperando meu corpo, porque ele foi engolido pelo peixe grande. Estou feliz e daqui protegerei todo o grupo Natasha. Peça ao *Kaku* que levante o acampamento e eu hei levá-los para um lugar que tenha mais terra; e que nunca mais o grupo Natasha acampe num lugar cercado de água grande (em ilha).

Yasmim deu ao pai uma concha grande e pediu que a entregasse ao *Kaku* como prova de tudo o que ela lhe dissera; e, voltando para a água grande, desapareceu.

Vlaz foi para o acampamento e relatou o acontecido ao *Kaku*. Na manhã seguinte, o *Kaku* revelou o acontecimento para o grupo e resolveram levantar acampamento. Embora tristes, sabiam que, daquele momento em diante, a cigana Yasmim seria sua protetora na água grande.

Quando os ciganos se despediram de Chipre, o povo da localidade ofereceu para cada cigano um pão. Essa é uma tradição da ilha: os cipriotas oferecem aos estrangeiros esse belo pão, que é feito num grande forno da ilha. Depois, os ciganos foram embora de Chipre, viajando em cima da água grande para outros países. É por esse motivo que o grupo Natasha tem um enorme respeito pelo mar; é por isso, também, que os membros do grupo não energizam pedras em água salgada e evitam se banhar no mar.

No dia 2 de fevereiro, o grupo Natasha leva para o mar presentes para essa cigana: comida, doces, frutas, perfumes, pó-de-arroz, sabonete. Também faz um coração de flores brancas e oferece a Yasmim nas águas grandes. Todo o grupo se ajoelha na areia da praia e reza em agradecimento, pedindo proteção. Fazem isso porque essa história se passou no dia 2 de fevereiro de 1902, quando o *Kaku* era o cigano Romão, avô da cigana Yasmim.

Ciganos na Dinamarca

O país, avistado do alto, parece um fantástico quadro pintado em cores vivas e alegres que vão do verde intenso ao azul dos inúmeros lagos. As florestas ao redor formam uma moldura imaginária; parece a obra de um artista que deixou fugir das mãos o pincel carregado de tinta, desenhando uma imprevista faixa de cores. Ao primeiro olhar, é um país de fantasia, habitado somente por gnomos travessos e por louras fadas envoltas em amplos mantos azuis. Foi nesse cenário que nasceu a cigana Raí.

Mas, infelizmente, com dois anos, Raí ficou cega. Foi num lindo dia de Sol. O Pai-Sol iluminava o belo cenário. A cigana Raí estava sentada na grama-verdinha. Quando olhou para o céu e viu o Pai-Sol, ficou deslumbrada com a luz que vinha do alto. Ela passou muito tempo contemplando o Pai-Sol. Com o passar das horas, ela começou a chorar. A mãe foi em seu socorro e, pegando-a no colo, percebeu que ela não estava enxergando. Desesperada, foi dueto para a barraca da cigana Zíngara. Lá chegando, contou-lhe que a cigana Raí estava cega. A cigana Zíngara apanhou Raí no colo e disse para sua mãe:

– Foi uma energização muito forte do Pai-Sol. Mas eu dou um jeito nisso.

A cigana Zíngara foi até o seu baú e trouxe uma pedra grande que brilhava muito. Era muito límpida essa pedra, mas, quando a cigana Zíngara começou a rezar com a pedra nos olhos da cigana Raí, ela passou a refletir cores como um arco-íris. Depois de várias horas, a cigana Zíngara colocou a pedra dentro de um tacho de cobre e começou a espremer folhas dentro de uma bacia com água, tirando seu sumo. Lavou os olhos da cigana Raí com parte do sumo das folhas e jogou o restante dentro do tacho em que estava a pedia, continuando a rezar. A água começou a ferver como se o tacho estivesse em cima do fogo. Quando parou de ferver, a cigana Zíngara disse para a mãe de Raí:

– Não se preocupe, sua filha vai enxergai" de novo. O Pai-Sol perdoou-a, pois ela é inocente e não fez por mal. Sabe, o Pai-Sol não gosta que as pessoas fiquem olhando paia ele por muito tempo. A cigana Raí captou muita energia do Pai-Sol e isso prejudicou seus olhos. Quando a água com as folhas que está no tacho esfriai", a cigana Raí vai enxergar de novo.

Neste momento, penetrou na barraca da cigana Zíngara um perfume de flores suave e gostoso que trouxe alegria para a mãe de Raí e, para a pequena cigana, um oásis de paz. E a cigana Raí voltou a enxergar.

A família cigana permaneceu por muitos anos na Dinamarca, em Randers, que é uma cidade muito importante para os ciganos. Essa história se deu há muitos anos. Hoje, a cigana Raí chega até a aura das pessoas e sabe dizer a hora certa da seguinte maneira: pega um bastãozinho e coloca na mão, seguro entre a base do polegar e a borda da mão. Fica de costas paia o Pai-Sol e diz a hora ceita: se a sombra do bastão for projetada sobre o dedo indicador, são cinco horas da manhã; se atingir o dedo médio, são seis horas; se atingir o anelar, são sete horas; se atingir o dedo mínimo, são oito horas; se se projetar na metade do dedo mínimo, são nove horas; no final do dedo mínimo, são dez horas; no meio da mão, são onze horas; mais abaixo do meio da mão, são treze horas; entre o pulso e a mão, são doze horas.

Essa é a história da cigana Raí, que ajuda as pessoas que têm deficiência de visão.

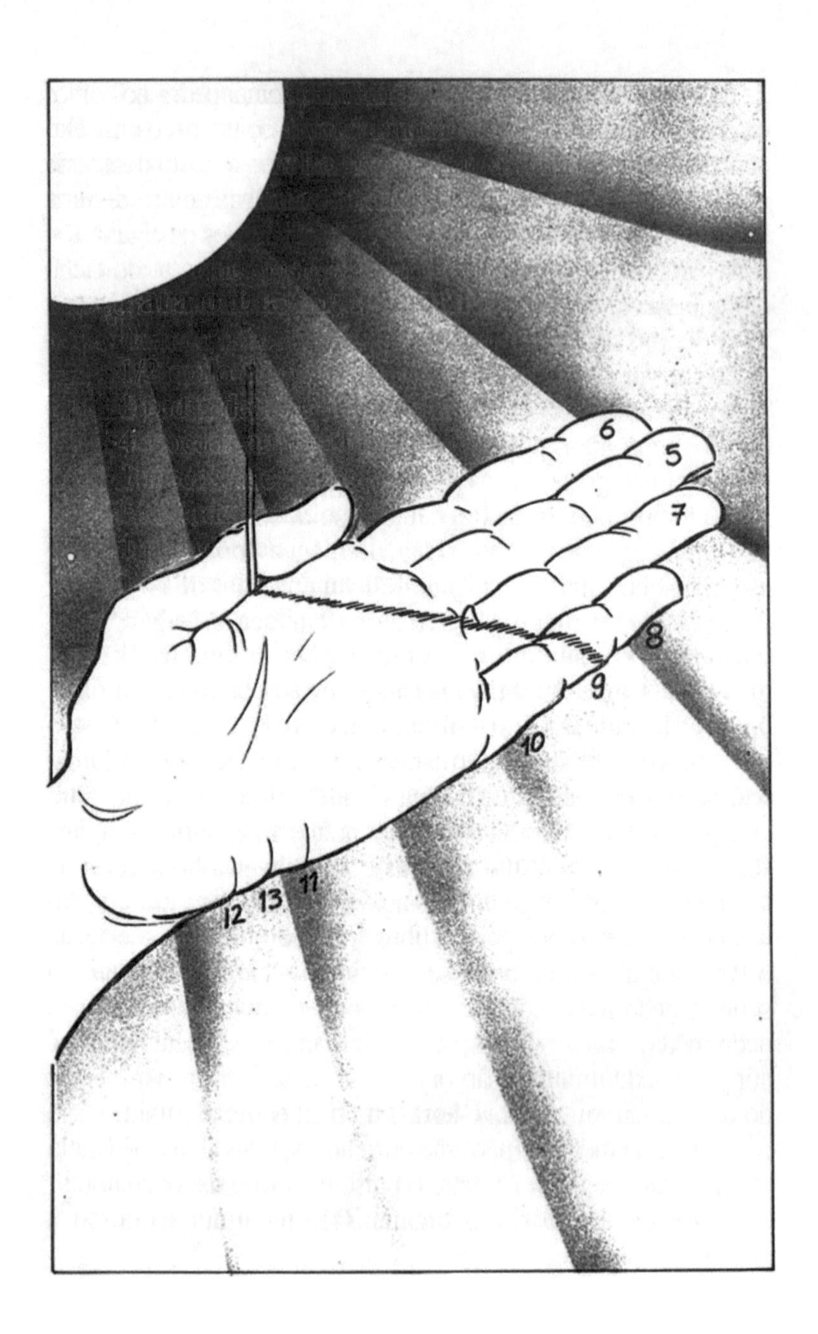
6
5
7
8
9
10
11
13
12

Espíritos Ciganos

Cigana Íris

Cigana da saia estampada, seu saquinho contém 17 moedas antigas amarelas, um rubi, que é seu cristal vermelho, e uma estrela de cinco pontas. No braço, traz 17 pulseiras douradas e, nas orelhas, argolas douradas. Seu cordão contém 17 moedas pequenas penduradas. É a cigana do jogo das patacas (das moedas): tira o lenço vermelho da cabeça e coloca-o como toalha para jogar as moedas.

Sua fruta predileta é a maçã e a champanha é sua bebida preferida; gosta de rosas vermelhas e fitas vermelhas penduradas no cabelo. Seu pandeiro tem fitas e moedas penduradas. Sua magia é feita com doce de maçã e maçã ema. Suas oferendas são sempre colocadas em morro que tenha muito verde, no lugar mais alto; levam sempre maçã vermelha. Sempre que uma pessoa levar maçã para ela, deve levar uma rosa vermelha; passe-a pelo corpo e jogue do alto do morro para baixo, pedindo que ela tire tudo de negativo de sua vida.

O banho de purificação que essa cigana ensina é feito com folha de maçã quinada, maçã picadinha ou casca de maçã. Ela usa muito a simpatia da maçã para o casamento.

Cigano Hiago

Esse cigano é um rapaz que fez a passagem com 21 anos. Gosta da planta chamada gálbano, que é da família do funcho e tem um aroma muito agradável. Diz Hiago que esse perfume estimula a confiança, a harmonia, a paciência e favorece a cura. Hiago esclarece que o gálbano é indispensável na iniciação espiritual e no conhecimento do interior. Hiago trabalha trazendo na mão um cristal de granada ou de jaspe sanguíneo. Ele tem uma reza que é o poder da sua cura:

Kseroi ni pesi naisi
Knerela esi te iiori
Kdiseni
Ksi ai le delerai oi
Bel-Karrano.

A paz para o seu espírito, a saúde, a harmonia têm de vir de dentro de você. Deus céu.

Cigana Katiana Natasha

Cigana morena, de cabelos pretos e olhos castanhos, quando chegou à Grécia encontrou uma planta de flores lilás: a violeta. É por isso que ela faz magia com a violeta para combater os espíritos maléficos. Ela diz que o perfume da violeta espanta os invejosos do caminho. Com as folhas da violeta, ela faz essências aromáticas para afastar as coisas mins do seu lar.

A cigana Katiana Natasha fez sua passagem na Rússia. Seu espírito nunca deixou seus descendentes, sempre emigrando com seu povo até chegar a hora de Ana nascer. Hoje, ela está na aura de Ana da Cigana Natasha.

Sua magia, para afastar os invejosos de seu lar, é assim: pega uma ametista, cinco violetas, cinco moedas, raiz de violeta socada e cinco folhas de violeta. Ela coloca tudo numa vasilha de vidro e manda colocar em sua casa.

Salve, Katiana Natasha, que é maravilhosa, pois só gosta de trabalhar para a paz.

Cigano Artêmio

É misterioso, poucos sabem sobre sua passagem na Terra. Trabalha com um punhal, uma turmalina-verde, um espelho, um maracujá pequeno, um tacho de cobre, uma moeda antiga, folha de sândalo, folha de tabaco, muitas fitas coloridas e um lenço de quatro cores, verde-claro, verde-escuro, verde-água e verde-folha, com uma estrela de seis pontas dourada no meio, com que cobre o tacho. É com isso que ele faz suas magias, faz amarração e desamarra casos difíceis. Quando termina o trabalho, manda colocar tudo no mato fechado.

Salve esse cigano. Que Bel-Karrano lhe dê permissão para fazer mais e mais suas magias.

Cigano Pedrovik

É um cigano guerreiro, que desmancha magias negativas, adora o azulão e sempre traz na mão uma pena de pavão. Essa ave é a preferida desse cigano. Quando o pavão arma sua cauda, ele diz:

– Está desmanchada a magia negativa.

Sua fruta predileta é a manga-espada; é com ela que faz suas magias. Pedrovik tem um jogo que poucos conhecem: com quatro caroços de manga, ele fala do passado, do presente e do futuro.

O cigano Pedrovik adora contemplar o Sol. Ele tem uma reza que afasta os inimigos do caminho. Pedrovik não perdoa a quem ofende seus amigos - é aí que ele se torna possesso. Do caroço da manga, ele faz um pó que assopra quando o vento é forte - essa é a sua magia contra os inimigos.

O cigano Pedrovik tem um mistério ligado à gruta de São Bartolomeu, onde estão o fundamento e a magia da mãe-cobra que é o arco-íris. As pessoas que são de Salvador sabem certinho onde é esse lugar.

Cigana Samara

Moça de cabelos cor de fogo: seu mistério é o fogo. Adora fazer feitiços com o fogo e a salamandra. É com a brasa que ela tem a força. Ela pega uma brasa na fogueira com as mãos e a coloca na boca. Isso é o maior feitiço e a mais estranha mágia.

Samara adora roupas coloridas, feitas de retalhos. Sua blusa é sempre vermelha e no cabelo sempre leva uma flor também vermelha. Traz na mão um cristal de jaspe sanguíneo. Essa cigana tem a força do fogo; não usa cartas, dados ou moedas para suas magias. Para revelar o passado, presente ou futuro, usa a chama de uma vela vermelha ou a labareda da fogueira.

Quem tem essa cigana precisa ter muito cuidado, pois, se a tratar errado, ela ficará agressiva e tornará a vida da pessoa um martírio.

Samara costuma invocar as salamandras e faz uma magia com fogo, sal, pimenta, folha de corredeira-de-aluar, frutos, folhas e capim-cheiroso. Tudo isso é misturado e acrescentado a outras ervas. Depois, ela embrenha-se no mato para levar sua magia. Ela gosta de trabalhar na Lua minguante e também no dia 13 de cada mês, à lh37 da manhã.

A cigana Samara tem uma cabeça de cobra seca, um sapo seco, um morcego seco e anda sempre com uma coruja cinza no ombro. Essa coruja tem penduradas no pescoço várias fitas coloridas, cada uma com um guizo pequenino na ponta. O nome dessa coruja é Feimi, que quer dizer "Creia em mim".

É muito bonito o trabalho dessa cigana. Só quem vê o seu trabalho é que pode avaliar sua energia. Como essa cigana é feiticeira, seu trabalho é resolvido em uma hora e 37 minutos.

Cigana Ilarin

Morena, cabelos e olhos negros, nasceu no Punjab, na índia. Seu grupo partiu para a Turquia e ali Ilarin desencarnou - teve os pulmões afetados e veio a falecer com 15 anos. Por isso, ela é turca: o lugar em que os ciganos fazem a passagem é a sua pátria espiritual. Seu corpo foi queimado e assoprado na planície, mas seu espírito continuou com seu grupo. Mais tarde, o grupo emigrou para a Espanha, Portugal e, enfim, chegou ao Brasil. Foi, então, que Bel-Karrano deu consentimento para ela entrar na aura de mulheres não-ciganas. Ilarin ajudou muito seu grupo em fugas. Por isso, ela tem a magia de ajudar os necessitados. Adora roupas indianas e turcas, gosta de comidas picantes, muitas frutas, assados com frutas em calda, hortelã picada numa taça com vinho branco, perfumes e flores do campo. Usa um anel com um diamante e costuma dizer:

– Esta pedra é a purificação da cabeça, do corpo e da alma. Essa cigana tem magia e encanto e, no fundo, é feiticeira.

Cigana Melani

Moça bonita e elegante, com porte de rainha, adora fazer magia de amor. É muito fina e educada, e adora ouro e brilhantes.

Sua erva é o absinto, uma planta originária da Europa Central e Meridional. No século XV, na Inglaterra, essa cigana fazia uma poção mágica com óleo extraído do absinto; ela garante a força para os amantes. O perfume dessa erva transmite harmonia, inspiração, amor e intuição.

Essa cigana é pouco conhecida no Brasil, mas existem pessoas que têm em sua aura essa moça elegante.

A fase da Lua mais forte para essa cigana é a crescente.

Cigana Leoni

Cigana menina, fala muito de plantas, pois é delas que faz suas magias. Adora o jasmim; diz que ele é originário da índia. Hoje, cultivada em quase todas as zonas temperadas, essa flor é valorizada há muitos séculos na antiga Pérsia. Na China, é considerada sagrada. Diz Leoni:

– A essência dessa flor está ligada à cura, à afetividade, à maternidade, ao rejuvenescimento e à sedução.

É dessa flor que Leoni faz casamentos e amarrações. Essa cigana adora o cristal de aventurina, que contém sua energia. Também gosta de tudo o que é verde, como a esmeralda. As frutas das magias dessa cigana, depois de cinco dias, são enterradas embaixo de uma planta ou árvore frondosa.

Cigano Ruan

É o cigano dos mistérios e da magia do mal. Trabalha com uma panela de pedra. Ali, ele coloca um boneco e faz sua magia. Embora seja o único cigano que faz magia do mal, é um bom protetor. É um companheiro para todas as horas. Este cigano é meu companheiro, é o zelador dos meus caminhos e da minha *Tsara*. Ruan adora comer pimenta; sua preferida é a pimenta-do-reino. A esse respeito, ele diz:

– É de coisa quente que se faz magia.

Esse cigano é perigoso. É muito difícil enganá-lo, pois é muito desconfiado. Ele nunca olha nos olhos dos outros. Sua roupa é toda vermelha. Ele é moreno, tem cabelos e olhos pretos e usa 21 punhais de prata.

Cigana Sunakana

A Rainha Sunak é a rainha do ouro. Usa saia feita com lenços das cores amarelo-claro, amarelo-ouro e amarelo--queimado. Usa uma flor amarela natural ou rosas amarelas de pano, com brilho. Sua tiara, que sai da altura das orelhas e faz um círculo em volta da cabeça, é uma trança de fitas em vários tons de amarelo, com fitas amarelas penduradas. No pulso esquerdo, leva um lenço semelhante a essa trança. Usa blusa amarelo-claro, de mangas bufantes e com um babado em pontas no decote. Leva um pandeiro enfeitado de fitas amarelas. Suas jóias são um cordão com moedas amarelas penduradas, muitas pulseiras e anéis, uma argola de ouro e, no tornozelo, uma corrente de ouro com um topázio.

Essa cigana tem olhos castanho-esverdeados e cabelos castanho-claros cacheados. Sua pele é morena clara, tem as mãos bem longas com dedos compridos e usa unhas longas e sempre bem cuidadas, não pintadas de vermelho, e, sim, de rosa-claro.

Essa cigana é a dona das patacas (moedas) de ouro. E protetora do ouro e da barriga das mulheres. Em Cuba, existe uma procissão de Nossa Senhora de la Regra, onde Sunakana foi batizada nos rituais ciganos.

Seu dia é 8 de maio e ela é uma das favoritas de Santa Sara.

Salve, Sunakana, pelo dia 8 de maio.

Cigana Wlavira

Ela é a mãe da tribo. É clara e tem cabelos loiros lisos e olhos castanho-escuros. Sua saia parece um lenço multicor: mistura vermelho, verde, azul-claro, rosa, branco, amarelo-ouro, lilás, amarelo-claro, amarelo-queimado, verde-claro, verde-escuro, cor de abóbora, verde-abacate, azul-escuro. Leva na cabeça uma tiara de flores brancas que tem penduradas fitas multicores, iguais à saia. A blusa é azul-clara e usa no pescoço um cordão com uma figa de ouro e uma estrela de cinco pontas. Adora perfumes e leva na cabeça um lenço amarelo-ouro brilhante. Usa um saco onde traz um baralho, vários cristais e moedas. Adora sentar perto do rio, que é o fundamento de Wlavira.

Cigana Sulamita

Adora trabalhar só com frutas e com as folhas dos pés das mesmas frutas. Faz sua magia com folhas de maçã, para o amor; folhas de pêra, para a saúde; folhas de uva, para união; folhas e flores de mamão, para afastamentos; umbigo de banana, para feitiços; folha de fruta-de-conde, para aproximação; folhas de laranja, para acalmar fúrias; folhas de caqui, para tirar o mal. Ela gosta de trabalhar com a fogueira, jogando nela as folhas secas, conforme o problema de cada um.

Sua pedra preferida é o quartzo-citrino, amarelo-ouro. Ela faz uma amarração para casamento colocando um pedaço desse cristal em cima de cada uma das folhas de maçã, fruta-de-conde e uva-verde com que trabalha; depois, joga por cima flores de laranjeira. Ela afirma que o casamento sai antes de três Luas cheias.

Sulamita, que Bel-Karrano ilumine muito seu espírito, para que você possa ajudar quem precisa de sua ajuda.

Magias do Povo Cigano

Jogo de Dados

É o mistério mais antigo do povo cigano. É jogado com três dados que precisam ser especialmente preparados para o jogo.

Preparação dos Dados:

Para energizar os dados, é preciso, primeiro, lavá-los com água de chuva ou de cachoeira. Depois, é preciso lhes dar comida no ritual cigano. Para isso, faça uma farofa com uma raiz de aipim ralada misturada com frutas cristalizadas em pedaços. Coloque numa travessa, junto com os dados com o número seis voltado para cima. Em volta da travessa, coloque oito folhas de louro. Acenda um incenso de ópio e uma vela de sete dias, e ofereça ao cigano de sua preferência.

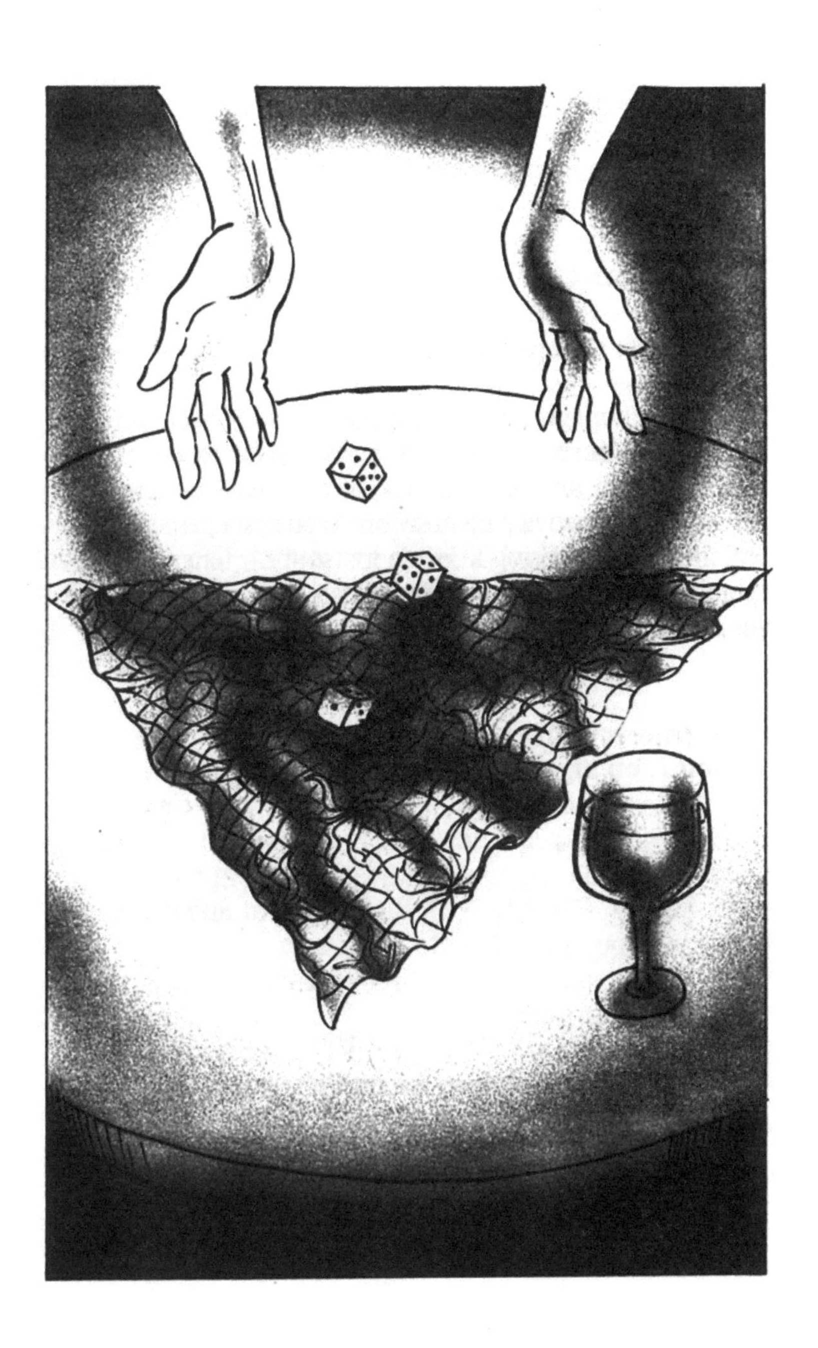

Depois de sete dias, retire os dados e leve a travessa para um lugar de mato com oito velas de cores diversas (exceto preto).

Como Jogar:

Para jogar os dados, é preciso ter um lenço estampado em cores variadas (exceto preto) e um copo de cristal com água da chuva. Abra o lenço sobre a mesa e ponha o copo ao lado. Segure os dados entre as mãos, bata o pé três vezes, chame pelo dono do jogo e faça a *Oração do Jogo*:

"Santa Sara, com seus mistérios, possa estar sempre ao meu lado; pela força da natureza, pelas forças das águas, daime a energia positiva para descobrir o que esta pessoa quer."

Em seguida, jogue os dados sobre o lenço e traduza o que eles falam. Só se podem fazer três jogadas por pessoa, pois os dados só falam três vezes.

Interpretação:

É a soma das caídas dos dados que fala. Cada número resultante da soma dos valores apresentados pelos três dados na jogada tem um significado.

SOMA IGUAL A 3 SIGNIFICA: Susto, cuidado com roubo ou perda de tudo.

SOMA IGUAL A 4 SIGNIFICA: Inimigo oculto, cuidado com prisão.

SOMA IGUAL A 5 SIGNIFICA: Traição no amor.

SOMA IGUAL A 6 SIGNIFICA: Falsidade dentro de casa ou na família.

SOMA IGUAL A 7 SIGNIFICA: Você está vivendo um amor; cuidado com a ilusão.

SOMA IGUAL A 8 SIGNIFICA: Vem dinheiro ou riqueza para você.

SOMA IGUAL A 9 SIGNIFICA: Embaraço para você e para quem estiver a seu lado.

SOMA IGUAL A 10 SIGNIFICA: Brigas, desavenças, fuxicos com pessoas mentirosas.

SOMA IGUAL A 11 SIGNIFICA: Um caso antigo de amor irá terminar.

SOMA IGUAL A 12 SIGNIFICA: Um caso de justiça vai lhe dar dor de cabeça.

SOMA IGUAL A 13 SIGNIFICA: Cuidado com doença que está rondando você ou seus familiares.

SOMA IGUAL A 14 SIGNIFICA: Inimigo querendo fechar as portas de seu negócio.

SOMA IGUAL A 15 SIGNIFICA: Problemas nas pernas ou nos olhos; procure um médico.

SOMA IGUAL A 16 SIGNIFICA: Tudo de bom, felicidade e paz espiritual.

SOMA IGUALA 17 SIGNIFICA: Uma realização em negócios, amor, casamento ou união.

SOMA IGUAL A 18 SIGNIFICA: Seus negócios vão de vento em popa; um grande sonho vai se realizar.

Vidência do Espelho

Essa é uma vidência cigana que usa espelhos coloridos.

O Material:

Você precisa ter 17 pedaços de espelho quadrados, de tamanhos iguais. Cada um terá o verso pintado de uma cor: preto, rosa-escuro, amarelo-ouro, verde-folha, azul-escuro, marrom, vermelho, branco, azul-claro, laranja, verde-claro, cinza, violeta, rosa-claro, vinho, verde-abacate e rosa-pálido.

Cuidados com os Espelhos:

Para energizá-los, você precisa alimentar os espelhos no ritual cigano. Encha uma vasilha de vidro com camadas alternadas de trigo em grão, açúcar cristal e arroz com casca, sempre nessa ordem; coloque no meio um cristal de quartzo límpido e, em volta, os espelhos com a cor voltada para cima. Por fora da vasilha, arrume frutas, um cálice de vinho, um incenso de ópio e uma vela branca de sete dias. Você pode entregar o poder de vidência dos espelhos para o cigano da sua aura. Depois de sete dias, retire os espelhos e leve a oferenda para uma planície com mato bem verdinho.

É bom passear com os espelhos, levando-os a uma cachoeira, a uma praia e para dar uma volta no quarteirão de sua casa, para que eles tragam a vidência do mundo em que vivemos.

Como Jogar:

Na hora do jogo, você precisa ter, além dos espelhos, uma maçã, uma faca virgem e um cristal de quartzo límpido.

Antes de iniciar a vidência, corte a maçã em quatro pedaços em cruz, deixe cair sobre a mesa e interprete sua queda.

Interpretação I:

SE AS QUATRO PARTES DA MAÇÃ CAÍRAM COM A CASCA PARA BAIXO E A POLPA PARA CIMA, A RESPOSTA É: Bel-Karrano deu permissão para a vidência.

SE TRÊS PARTES CAÍRAM COM A CASCA PARA BAIXO E UMA COM A CASCA PARA CIMA,

A RESPOSTA É: Você precisa rezar a oraçao de Santa Sara antes de começar a vidência.

SE DUAS PARTES CAÍRAM COM A CASCA PARA BAIXO E DUAS COM A CASCA PARA CIMA, A RESPOSTA É: O cliente deve jogar uma moeda na mesa.

SE UMA PARTE CAIR COM A CASCA PARA BAIXO E TRÊS COM A CASCA PARA CIMA, A RESPOSTA É: Coloque o cristal sobre a mesa.

SE AS QUATRO PARTES CAÍREM COM A CASCA PARA CIMA E A POLPA PARA BAIXO, A RESPOSTA É: Está tudo fechado. Você não pode ver para não falar, pois o cliente está duvidando da vidência do espelho.

Se houve permissão paia a vidência, arrume os espelhos sobre a mesa, com as cores viradas para baixo. O consulente deverá tirar três espelhos e você irá interpretar o seu significado conforme as cores que tenham saído.

Interpretação II:

PRETO: perigo à vista, notícia mim.

ROSA-ESCURO: cautela para não tomar decisões erradas.

AMARELO-OURO: saúde boa.

VERDE-FOLHA: amor ou romance a caminho.

AZUL-ESCURO: mudança, melhoria na vida material.

MARROM: terá caso com justiça, mas vencerá.

VERMELHO: energia positiva, evolução espiritual.

BRANCO: tranqüilidade no lar e paz na sua vida.

AZUL-CLARO: chegada de filho.

LARANJA: saúde abalada.

VERDE-CLARO: esperança em projetos.

CINZA: rompimento de amor ou negócios.

VIOLETA: seu sonho será realizado.

ROSA-CLARO: notícia boa.
VINHO: casamento ou união.
VERDE-ABACATE: alguém atrapalhando em negócios ou amor.
ROSA-PÁLIDO: falsidade e traição no seu caminho.

Incensos: Suas Influências Espirituais

MADEIRA: abre caminhos.
ROSA: limpeza, boas vibrações.
ALMÍSCAR: para o amor e romance.
ACÁCIA: sucesso nos negócios.
AMANDA: limpeza de ambiente.
JASMIM: para assunto de amor.
LÓTUS: paz.
ALECRIM: limpeza do lar.
BENJOIM: proteção e sucesso.
ÓPIO: energização de objeto ou ambiente.
PATCHULI: grandes paixões.
SÂNDALO: viagem astral.
DAMA-DA-NOITE: encontros amorosos.
MIRRA: limpeza de rituais.
FLOR-DE-LARANJA: calmante.
MAÇA-VERDE: boa saúde, alegria e amor.
MIL-FLORES: contra inveja.
CAMPESTRE: estimula intuição e atividade mental.
ESPIRITUAL: elevação espiritual.

Vinho
LICOR
BENEDICTINE

Receitas do Povo Cigano

Coquetel Natasha

3 maçãs vermelhas picadas
6 morangos
3 damascos
3 peras picadas
3 uvas-moscatel ou rubi
1 xícara de café de hortelã picada
1 garrafa de champanha
1 lata de leite condensado ou leite de cabra batido com açúcar e deixado qualhar

Amasse bem as frutas com um socador. Misture o leite e bata para misturar bem. Junte a hortelã; misture sem bater. Coloque a champanha e sirva em cálice.

Coquetel Taran

1 garrafa de licor Benedictine
1 maçã picada

1 damasco
2 uvas-rosadas
2 uvas-verdes
4 morangos
Amasse bem as frutas com um socador. Junte o licor e sirva em cálice.

Bebida Fortificante dos Ciganos

1 pouco de milho-amarelo torrado
250g de ameixa amassada
cravo-da-índia
1 pedaço de breu
saião amassado
erva-cidreira amassada
noz-moscada ralada
1 laranja lima-da-pérsia verde
canela em pau
1 colher de sopa de chocolate em pó
1 garrafa de vinho branco
Moer tudo e misturar com o vinho.

Taça de Arroz para Cigana

1/2 xícara de arroz
1 pedaço de casca de laranja
1 grão de erva-doce
1 xícara de frutas cristalizadas ou frutas em calda (pêssego, morango etc.) picadas
Cozinhar o arroz com a casca de laranja e a erva-doce até ficar bem cozido e seco. Depois de frio, coloque numa

taça, fazendo camadas alternadas de arroz e das frutas. Por cima de tudo, coloque uma cereja, morango ou uva.

Medalhão Cigano para Wladimir

1 porção de peito de peru moído
1 molho de hortelã picadinho
1 colher de chá de queijo (de leite de cabra) ralado
1 ovo
1 pimenta-do-reino branca
1 pouco de trigo para quibe
sal a gosto
1 colher de sopa de vinho branco seco

Misture o peito de peru moído com os outros ingredientes. Faça bolas achatadas como se fossem medalhas. Frite em óleo quente. Forre um prato com hortelã e arrume os medalhões em cima. Ao lado, coloque um cálice de vinho branco seco, uma vela de 7 dias vermelha e um incenso de raízes. Ofereça ao cigano Wladimir.

Bebida para Potência

vinho branco seco
cravo-da-índia
gengibre
cipó-amarelo
1 maçã
canela em pau
breu
1 limão-galego
1 pedaço de pau-pereira
1 pedaço de raiz de alface

3 gotas de iodo
1 ovo de pata
1 pitada de sal
3 uvas-verdes
miolo de pão
1 pedaço de marmelada
Coloque tudo dentro de uma garrafa e deixe por três dias em lugar fresco. Tome um cálice três vezes ao dia.

Coquetel Wladimir

12 morangos
1/2 litro de vodca
1/2 lata de leite condensado
1 xícara de café de hortelã picadinha
Amasse os morangos com o leite condensado. Misture a vodca e bata bem. Sirva em cálice, enfeitado com a hortelã.

Bebida da Velha Zingra

1 maçã
1 pêssego
3 ameixas-amarelas
pele branca de 1 laranja
3 damascos
açúcar cristal
1 copo de vinho tinto ou branco
1 folha de manjericão-branco
Coloque tudo numa panela (se possível, de barro) com um pouco de água e deixe ferver. Se estiver com pouco açúcar, adoce com mel. Sirva em taça. Se quiser, pode coar.

Coquetel da Zoraide

6 morangos
6 pêssegos
6 ameixas-amarelas (do Japão)
erva-cidreira
1 pedaço de casca de laranja

Faça um chá com a erva-cidreira e a casca de laranja. Amasse as frutas com socador e misture ao chá. Sirva em cálice.

Bebida para os Pulmões

erva-de-passarinho
assapeixe
5 folhas de saião
1 ovo de pata
1 pedaço de marmelada
vinho branco seco

Misture tudo e deixe por três dias em lugar fresco. Tome um cáhce antes das refeições.

Oferendas

Oferenda para Pablo

250g de trigo para quibe

2 claras de ovos batidas em neve com açúcar cristal e 5 gotas de anilina azul

1 tacho de cobre pequeno

4 moedas atuais

1 vela de 7 dias azul

1 incenso de sândalo

Coloque o trigo no tacho. Cubra com as claras em neve. Coloque por cima as moedas. Acenda o incenso e a vela, e faça a oração:

"Meu cigano Pablo, me proteja, me ajude a nunca mais faltar dinheiro em minha vida, pelo poder da natureza."

Deixe em casa como proteção para o seu lar.

Energização da Boneca Cigana

1 boneca vestida de cigana

7 favas de jucá

1 pedra "olho-de-pavão"
1 maçã
1 pêra
1 cacho de uva-rubi
1 cacho de uva-moscatel
1 melão
1 mamão
1 laranja
1 pêssego
250g de trigo em grão
1 vidro de essência de almíscar
1 tacho de cobre grande
1 vela de 7 dias colorida
1/2 litro de água de rio
1/2 litro de água de cachoeira
1/2 litro de água de chuva
1 fava de pichulin ralada
dandá-da-costa ralada
algumas moedas
1 cesta de vime
papel laminado

Faça essa energização na Lua cheia. Primeiro, prepare o batismo. Misture as três porções de água com a fava de pichulin e dandá-da-costa. Com essa água, batize a pedra e a boneca, falando as seguintes palavras:

"Em nome da padroeira dos ciganos, que é Santa Sara, eu te batizo (dar o nome). Estarás sempre perto de mim."

Em seguida, coloque a boneca no meio do tacho, com a pedra à sua frente. Querendo, pode colocar algumas moedas. Jogue um pouco da essência por cima de tudo.

Forre a cesta com o papel laminado. Jogue os grãos de trigo no fundo e coloque por cima as frutas, fazendo um arranjo bonito. Acenda a vela e o incenso ao lado da cesta e faça o pedido à sua cigana. Depois de sete dias, leve para um lugar com grama bem verdinha.

Para Elevação dos Ciganos e Ciganas Espirituais

1 quilo de arroz com casca
1 cristal de quartzo límpido
6 peras
1 quilo de açúcar cristal
6 espigas de trigo
6 moedas antigas brancas
1 fava de carvalho ralada
6 folhas de louro verdes
1 fava de pichulin ralada
noz-moscada ralada
1 incenso de ópio
1 vela de 7 dias branca
1 compoteira grande de vidro transparente

Faça essa oferenda numa sexta-feira da Paixão, às 6 horas da manhã.

Coloque no fundo da compoteira a terça parte do arroz. Cubra com a terça parte do açúcar; ponha por cima uma moeda e a fava de carvalho ralada. Faça uma segunda camada com outra parte de arroz, outra de açúcar, duas moedas e a noz-moscada ralada. Faça uma terceira camada com a última parte do arroz, o final do açúcar, as últimas moedas e a fava de pichulin ralada. Ponha no meio o cristal com as peras em volta. Ponha em cada pêra uma espiga de trigo e, em volta das peras, as folhas de louro.

Acenda o incenso do lado esquerdo e a vela do lado direito da compoteira. Deixe por seis dias e, depois, coloque as peras no mato, debaixo de uma árvore bem bonita. A

compoteira com os cereais fica em sua casa. Só depois de 12 meses é que você tira os cereais e leva para o mato, tendo guardado as moedas e o cristal. Então, repita a oferenda.

Oferenda para Wladimir

1 receita de medalhão cigano (ver no Capítulo "Receitas do Povo Cigano")
1 molho de hortelã
vinho branco seco
1 vela de 7 dias vermelha
1 incenso de raízes

Arrume os medalhões num prato forrado com as folhas de hortelã. Coloque ao lado um cálice do vinho. Acenda a vela e o incenso, e ofereça ao cigano Wladimir.

Uma Comida Forte para os Ciganos

3 ou 7 pães de centeio
1 porção de carne de soja
1 xícara de aveia em flocos
7 morangos
1 xícara de leite
1 travessa de madeira
1 panela de barro
1 travessa de louça
1 vela branca, 1 vela vermelha e 1 vela rosa (velas comuns)
1 vela de 7 dias amarela
1 incenso de morango

Coloque os pães dentro da travessa de madeira; a carne de soja, na panela de barro; e os morangos com leite e a aveia, na travessa de louça. Junto à oferenda, arrume as velas formando um triângulo e as acenda. Quando elas acabarem, acenda a vela de sete dias. Entregue à sua cigana. Se não tiver o pote energizado do grupo, ofereça essa comida numa planície verde, nunca num morro.

Uma Oferenda Forte para sua Cigana

7 goiabas-vermelhas grandes
7 pedaços de fitas coloridas
7 doces finos
7 pães árabes
7 galhos de hortelã miúda
gengibre ralado
7 velas coloridas
1 melão grande
1 cesta de vime grande, forrada com papel laminado dourado
7 palmas-de-santa-rita: 2 vermelhas, 2 amarelas, 2 rosas, 1 branca
1 lenço estampado em várias cores (exceto preto), de forma triangular
1 vela branca ou amarela

Tire a tampa do melão com um corte em ziguezague, formando pontas que lembrem uma flor. Coloque-o no meio do cesto. Dentro do melão, coloque os doces finos. Em volta, coloque as goiabas e, por fora, os pães, com metade para dentro e metade para fora. Coloque as palmas entre os pães, alternando as cores, junto com os galhos de hortelã. Arrume as fitas com uma ponta dentro do melão e a outra para fora da cesta. Por cima de tudo, ponha o gengibre ralado. Coloque a cesta em cima do lenço, bem no meio. Por fora do lenço, acenda as sete velas, colocando-as em cores alternadas. Acenda o incenso no meio do melão. Ofereça à sua cigana.

Depois de 24 horas, leve essa oferenda para baixo de uma árvore bem frondosa e acenda a vela branca ou amarela.

Para o Dia de Santa Sara - Dia 24 de Maio

1 tacho de cobre grande

12 pedras, sendo 1 quartzo-rosa, 1 quartzo-citrino, 1 lápis-lazúli, 1 água-marinha, 1 quartzo-rutilado, 1 granada, 1 aventurina-verde, 1 calcita-dourada, 1 pedra olho-de-tigre, 1 pedra olho-de-falcão, 1 cristal canalizador e 1 turmalina-azul

1 tigela de água com açúcar e uma pitada de sal

12 moedas, sendo 6 antigas e 6 atuais

3 velas comuns, sendo 1 amarela, 1 azul, 1 rosa

1 incenso de jasmim

3 copos com água filtrada

3 rosas, sendo 1 amarela, 1 branca, 1 rosa-chá

1 cesta forrada de papel laminado dourado

frutas, quibes, doces finos

essência de jasmim

1 metro de pano estampado (sem a cor preto)

Na véspera, dia 23, coloque as pedras na vasilha com água. Deixe de um dia para o outro no sereno. No dia 24, coloque as pedras no tacho; ponha por cima as moedas e, por cima de tudo, jogue a essência. Arrume a cesta a seu gosto, com as frutas, doces e quibes. Coloque a cesta diante do tacho. Na frente, coloque o incenso. Arrume os copos em triângulo, pondo uma rosa em cada um. Atrás dos copos, ponha as velas formando um triângulo.

Peça a Santa Sara aquilo que deseja neste dia. No dia seguinte, vá a um morro que tenha muito verde e coloque a cesta, com mais três velas. Deixe o tacho em casa, para sua proteção.

Esses existais servem para qualquer problema. Por exemplo, se você tiver alguma dor, coloque um desses cristais sobre o local e peça a Santa Sara a cura. E pode usar também em outra pessoa.

Para o Dia 23 de Abril!

1/2 quilo de cevada
1 pedra de lápis-lazúli
4 moedas antigas brancas
1 incenso de raízes
1 vela de 7 dias azul
1 pedaço de aço
1 colher de açúcar cristal
1 vasilha de barro

Prepare a oferenda no dia 23 de abril, ao meio-dia. Coloque a cevada na vasilha. Ponha no meio o cristal, com o pedaço de aço por cima e as moedas em volta. Ponha a vela do lado direito e o incenso do lado esquerdo da vasilha. Entregue ao Cigano Guerreiro Nicolas, para que ele esteja sempre a seu lado, nas guerras contra os invejosos.

Depois de sete dias, leve para uma estrada de terra a cevada com uma vela azul. Coloque o cristal, a moeda e o aço num saquinho azul e pendure atrás da porta da sua casa ou estabelecimento. Boa sorte e que os invejosos nunca mais o aborreçam.

Um Presente para Bel-Karrano

arroz cozido
clara em neve com açúcar, em ponto de suspiro
1 cacho de uva-verde

1 papel com o pedido escrito
10 velas comuns brancas
1 travessa branca

Prepare a oferenda às 8 horas da manhã, num dia de Lua crescente. Coloque o arroz na tigela, com as claras em neve por cima. Ponha o papel, em pé, no meio da travessa e o cacho de uva em frente ao pedido. Vá ao alto de um morro, leve essa oferenda e entregue a Bel-Karrano, junto com as velas. Faça a ele seu pedido. Ele ajuda a abrir as portas de um emprego.

SIMPATIAS

Magias para assuntos relacionados com o amor

Magia da Maçã para Casamento

1 garrafa de champanha
1 tigela com água
18 maçãs vermelhas
18 rosas vermelhas
1 lenço vermelho triangular
17 velas vermelhas
1 pedaço de papel sem pauta

Tire metade da champanha, misture com a água e tome um banho do pescoço para baixo. Pique uma maçã, desfolhe uma rosa e escreva no papel os dois nomes, um por cima do outro. Coloque tudo isso dentro da garrafa com o resto da champanha e arrolhe. Leve para o alto de um morro e enterre. Por cima, coloque o lenço com as 17 maçãs e as 17 rosas restantes em cima. Arrume em volta, por fora do lenço, as velas. Faça seu pedido à cigana Íris.

"Com sua força, com seu poder e sua energia, com a força da natureza, peço que meu casamento seja realizado, cigana íris, moça do lenço vermelho e do fogo ardente, que revela o passado, o presente e o futuro com suas moedas, que com seu rubi transmite a energia do fogo."

Banho para o Amor

1 quartzo-rosa
1 fava de pichulin ralada
1 tigela com água
1 vasilha de vidro
1 pedaço de papel com o nome da pessoa amada e o seu próprio escritos a lápis
1 vidro de essência de almíscar

Quando a Lua estiver crescente, coloque o quartzo e a fava de pichulin dentro da tigela com água; deixe no sereno uma noite inteira. No dia seguinte, tire o cristal e use a água para tomar um banho da cabeça aos pés. Ponha o cristal na vasilha de vidro, com o papel por cima, e jogue por cima de tudo a essência de almíscar.

Pó de Gamação

erva amor-agarradinho
fava de pichulin ralada
noz-moscada ralada
pétalas de papoula vermelha
coentro
casca de maçã seca
erva-doce
talco neutro (sem perfume)

Triture as ervas e misture ao talco. Passe no corpo todo.

Para União

1 poção de manjar de baunilha
2 claras batidas com açúcar em ponto de suspiro
1 cacho de uva-verde
50 cm de fita branca
1 incenso de maçã-verde
1 travessa de vidro
1 vela de 7 dias branca
1 papel branco
2 velas brancas comuns

Escreva a lápis no papel o nome da pessoa amada e o seu por cima. Ponha na travessa. Ponha o manjar por cima e cubra com o suspiro. Escreva de novo os dois nomes na fita e, com ela, dê um laço no cacho de uvas; coloque no meio da travessa. Acenda a vela e o incenso. Quando a vela acabar, leve para a beira de um rio ou cachoeira e coloque ali. Acenda as duas velas comuns e diga:

"Senhora do amor, pelo branco da paz, faça com que meu pedido seja atendido."

Ofereça às ondinas.

Simpatia para o Amor

3 pedaços de carvão virgem socado
2 peras maduras
1 copo de açúcar cristal
2 moedas antigas amarelas
1 fava de carvalho
1 prato ou travessa de vidro
2 velas comuns amarelas
1 papel amarelo

Escreva o nome da pessoa amada, com seu próprio nome escrito por cima, no papel e na casca das peras.

Coloque o carvão no prato. Ponha por cima o papel; por cima dele, as duas moedas, uma em cima da outra. Cubra com o açúcar e coloque por cima as duas peras juntas, com a fava de carvalho na frente. Acenda as velas juntas e ofereça ao casal de ciganos Pablo e Santa, pedindo:

"Peço a Pablo e Sari ta que vocês estejam sempre juntos; assim como Pablo e Sarita caminham juntos, vocês irão caminhar juntinhos."

Simpatia para União

1 garrafa de vidro claro
erva amor-agarradinho
erva amor-do-campo
erva-de-santa-luzia
erva-doce
7 folhas de laranja
7 pedaços de papel
1 muda de violeta
1 vaso de barro com terra

Num dia de Lua cheia, às 18 horas, escreva o nome da pessoa amada, com seu próprio nome por cima, nos sete pedaços de papel. Coloque os papéis, junto com as ervas, dentro da garrafa. Arrolhe e enterre no vaso. Plante a violeta por cima e ponha dentro de casa, oferecendo à cigana de sua preferência. Não molhe muito, para a violeta não morrer.

Para se Casar mais Rápido

1 metro de fita de cada uma das cores: amarelo, vermelho, rosa, azul, verde e branco
18 velas, 3 de cada uma das cores das fitas
1 pão de sal pequeno
1 pêra

1 maçã

1 banana-ouro

1 fava de carvalho

1 moeda antiga amarela

6 papéis tendo escritos o nome da pessoa amada com seu próprio nome por cima

1 travessa de vidro

açúcar cristal

No primeiro dia da Lua crescente, às 18 horas, enrole cada um dos papéis num dos objetos, amarrando com uma das fitas: no pão, com a branca; na maçã, com a vermelha; na pêra, com a amarela; na banana, com a rosa; na fava, com a azul; na moeda, com a verde. Arrume a seu gosto na travessa. Durante seis dias, acenda duas velas juntas perto da travessa: no primeiro, amarelas; no segundo, rosas; no terceiro, verdes; no quarto, vermelhas; no quinto, azuis; e no sexto, brancas.

Essa simpatia é oferecida à tribo Natasha para concretizar seu casamento. Após os seis dias, leve para o mato e entregue à tribo Natasha, acendendo as últimas seis velas coloridas e voltando a fazer seus pedidos.

Magia para União com Pedras e Frutas

1 cabochão (pedra lapidada em forma de meia bola) de comalina vermelho-escura

7 maçãs vermelhas

1 retrato da pessoa amada

1 retrato seu

1 incenso de ópio

1 travessa de barro

1 molho de coentro

2 velas vermelhas

1 tigela de água com uma pitada de sal e açúcar

2 velas comuns

Lave a cornalina na água. Forre a travessa com o coentro. Coloque no meio os retratos juntos, com a cornalina por cima e as maçãs em volta. Em frente à travessa, acenda juntos as velas vermelhas e o incenso. Mentalize a pessoa amada e diga:

"Pela força do cabochão de cornalina, que (diga o nome de seu amado) só tenha olhos para mim. Como a cornalina é a energia criativa do sexo, você não terá outra pessoa que não seja eu. Pela Lua cheia, pela força desta pedra, (nome), de agora em diante serás só meu."

Depois de três dias, despache as maçãs no mato com as outras duas velas. Guarde a bandeja e a pedra em lugar seguro. Se você tem um canto para sua Cigana, guarde lá.

Para Atrair seu Amor

1 moeda antiga amarela

essência de almíscar

1 incenso de almíscar

1 saquinho de cetim amarelo

1 papel amarelo tendo escrito o nome da pessoa amada, com seu próprio nome por cima

2 velas amarelas

Num dia de Lua nova, às 18 horas, coloque o papel, a moeda e a essência (pingada) no saquinho. Acenda as velas do lado direito e o incenso do lado esquerdo do saquinho e ofereça à cigana Katiana Natasha. Peça a ela para atrair seu amado. Depois que as velas e o incenso acabarem, pegue o saquinho e coloque debaixo da cama ou traga com você.

Para que o Homem da sua Vida tenha Olhos só para Você

1 pedra de quartzo-azul
1 pedra de quartzo-citrino
2 moedas amarelas
1 coração de cera cortado ao meio
1 vidro de essência de maçã-verde
1 papel com o nome do homem e outro com o nome da mulher escrito
2 velas, sendo 1 azul e 1 amarela
1 travessa de louça grande
1 porção de salada de frutas
açúcar cristal

No primeiro dia da Lua cheia, às 9 horas da manhã, enrole o papel com o nome da mulher no quartzo-azul e o que tem o nome do homem, no citrino. Coloque as duas pedras dentro do coração, jogue a essência e junte as duas metades do coração com um pouco de cera de vela derretida. Amime a salada de frutas na travessa, com um pouco de açúcar. Coloque o coração por cima e polvilhe mais açúcar. Ponha as moedas ao lado. Acenda as duas velas juntas e ofereça à cigana Sarracena. Depois de três dias, coloque no pé de uma árvore perto de uma cachoeira, com mais duas velas acesas juntas.

Para Recuperar um Grande Amor Perdido

5 frutas: pêra, maçã, banana-ouro, uva-verde, melão
5 quindins
5 marias-moles
1 espelho quadrado
5 velas amarelas

erva amor-agarradinho

1 travessa de barro pintada de amarelo-claro

1 papel branco tendo escrito a lápis o nome da pessoa amada com seu próprio nome por cima

Vá para um lugar de mato onde haja um rio ou uma cachoeira. Forre a travessa com a erva. Ponha por cima o papel e arrume por cima as frutas e doces. Pegue o espelho, olhe-se e peça o seguinte:

"Como vejo só eu neste espelho, que ele só veja a mim à sua frente."

Coloque o espelho no meio dos doces e frutas, com a parte que reflete para cima. Volte a se olhar nele e repita a mentalização. Depois, acenda as velas em volta da travessa. Peça à Deusa do amor e ao Pai-Sol que iluminem seu pedido. Entregue à cigana Katiana Natasha.

Para seu Grande Amor Nunca lhe Deixar

1 garrafa de champanha

erva amor-agarradinho

1 maçã

1 fava de pichulim ralada

1 pedaço de papel amarelo tendo escrito o nome da pessoa amada com seu próprio nome por cima

1 tigela com água

1 vela amarela

Tire metade da champanha, misture à água e tome um banho do pescoço para baixo. Ponha na garrafa, junto com o resto da bebida, a maçã picadinha, a fava ralada, o amor-agarradinho e o papel. Acenda a vela e entregue à cigana Natasha. Depois de sete dias, enterre no quintal. Se sua casa não tiver quintal, coloque num vaso de barro, plante uma samambaia em cima e deixe dentro de sua casa.

Para seu Amor Ficar Só com Você

1 casal de bruxos (bonecos de pano)
1 metro de fita fina de cada uma das seguintes cores: amarelo, vermelho, azul, rosa, lilás, verde, branco, laranja, rosa-claro
9 velas comuns, cada uma na cor de uma das fitas
essência de almíscar
2 peras
2 maçãs
2 bananas-ouro
1 cacho de uva-verde
1 cacho de uva-rosada
1 mamão pequeno
1 travessa de barro grande
1 tigela com água de cachoeira

Num dia de Lua crescente, às 9 horas da manhã, batize os bruxos com o seu nome e o de seu amado, usando a água de cachoeira. Coloque os bruxos no meio da travessa, arrume as frutas em círculo em volta deles e jogue a essência por cima de tudo. Vá amarrando os bruxos junto com as fitas, enquanto fala:

"Fulano (diga o nome da pessoa), estou te amarrando estas fitas como se te estivesse amarrando comigo."

Leve para o pé de uma árvore frondosa e acenda as velas formando um círculo em volta da travessa. Ofereça à cigana Nazira.

Para Ter Paz no seu Lar

3 turmalinas-azuis
1 tablete de anil
1 vela azul
1 incenso de madeira

essência de madeira
1 saquinho de pano azul
1 tigela de água com açúcar e uma pitada de sal
1 tigela grande com água pura

Lave as pedras com a água com açúcar e sal. Dissolva o anil na água pura, para que ela fique azul. Coloque as pedras dentro e deixe da noite para o dia no sereno. Nessa noite, acenda o incenso para limpar o ambiente da sua casa.

No dia seguinte, tire as pedras da tigela e use a água de anil para lavar sua casa: primeiro de dentro para fora, e, depois, de fora para dentro. Ponha uma das pedras no saquinho e pendure atrás da porta da sua casa. Dê a segunda para seu marido levar na carteira, junto com o dinheiro; e fique com a terceira para você, para trazer paz e felicidade ao seu lar. Misture a essência com água e lave as roupas de todos os que moram na casa.

Para União ou Amarração na Magia do Amor Cigano

1 romã grande
1 fita fina rosa
1 incenso de almíscar
1 prato de vidro
2 velas rosa
açúcar cristal
1 papel com os dois nomes escritos

Corte a romã em quatro, sem separar as partes. Coloque o papel dentro e feche a romã, amarrando com a fita e dando um laço. Coloque o açúcar no prato e ponha a romã no meio. Acenda as duas velas juntas e o incenso, pedindo a força dos ciganos para que seja concretizada essa magia de amor.

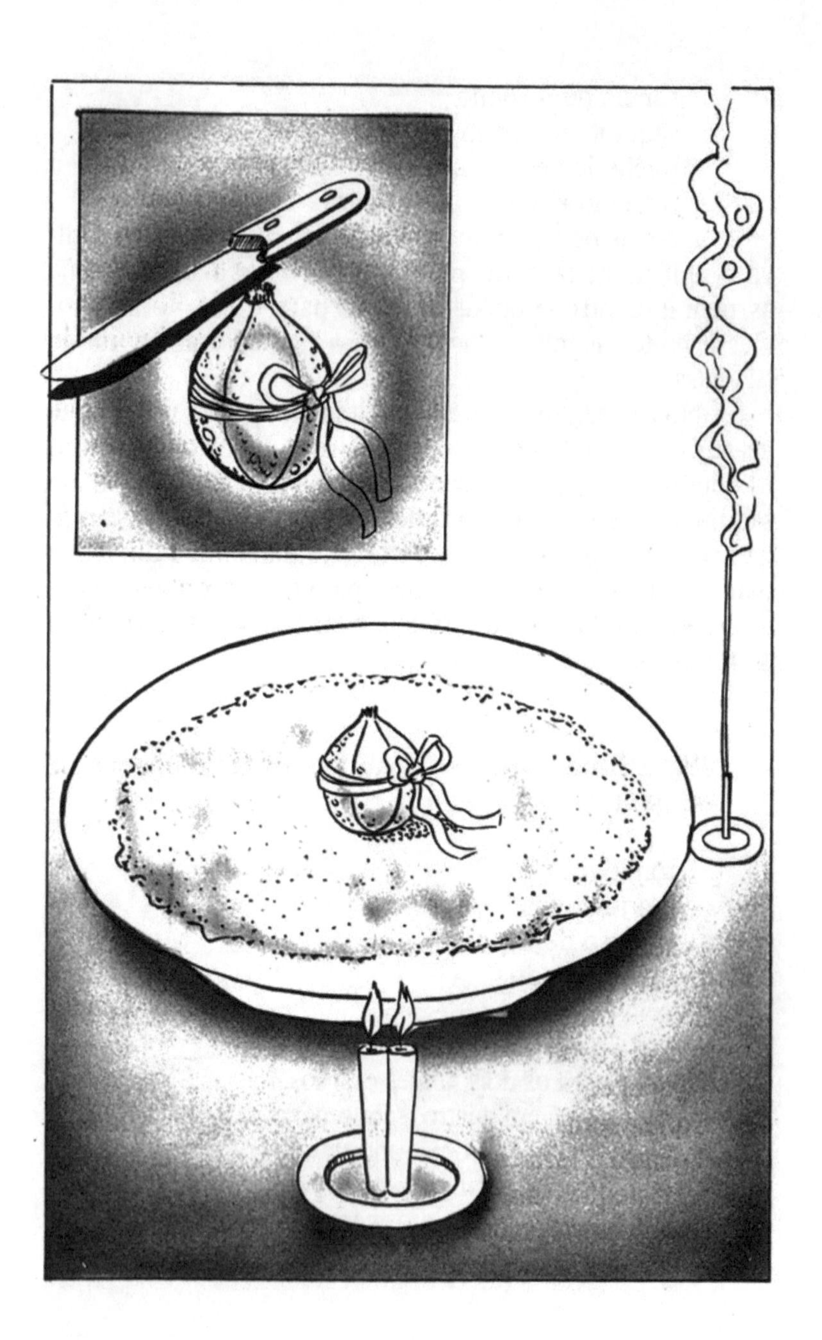

Para o seu Bem-Amado Ficar Sempre Junto de Você

2 jambos
1 fava de pichulin
1 prato de vidro
açúcar cristal
1 fita fina vermelha
2 velas vermelhas
1 papel com seu nome e o de seu amado escritos a lápis

Abra os jambos e ponha um papel dentro de cada um, amarrando os dois junto com a fita. Coloque o açúcar no prato. Ponha os jambos no meio e, por cima, jogue a fava ralada. Acenda as velas juntas e ofereça à cigana Íris, a moça de vermelho.

Para Fazer Voltar o Amor que Está se Afastando

2 cristais de quartzo-rosa
1 porção da erva amor-agarradinho
1 taça com água de cachoeira
essência de almíscar
1 melão
açúcar cristal
1 papel com seu pedido escrito
4 velas cor-de-rosa

Faça a simpatia na Lua crescente, às 7 horas da manhã. Corte o melão na horizontal. Enrole as duas pedras juntas no papel e coloque dentro do melão. Cubra com a erva e, por cima, ponha o açúcar. Tampe o melão. Jogue a essência na água. Ponha o melão em cima da taça e acenda duas velas juntas, oferecendo aos ciganos Wladimir e Katiana.

Deixe ficar durante cinco dias. Depois, leve o melão e deixe num gramado ou mato verde, com as outras duas velas acesas juntas.

Para o seu Amor Não Ter Olhos para Outra Mulher

2 olhos de peixe (caraúna)
2 gotas de azeite doce
açúcar cristal
essência de morango
1 vasilha com tampa
2 papéis tendo escrito o nome do seu amor com o seu por cima
2 velas vermelhas
1 vaso de barro com terra
1 muda de samambaia-bailarina

Coloque um papel no fundo da vasilha. Ponha por cima os olhos de peixe, pingue uma gota de azeite em cada um e ponha o outro papel por cima. Despeje a essência, cubra com o açúcar e tampe a vasilha. Acenda as velas juntas e peça ao povo cigano assim:

"Aqui estão os olhos de fulano (diga o nome); que, de hoje em diante, ele só tenha olhos para mim. Nunca enxergará outra em sua vida."

Quando as velas apagarem, coloque a vasilha dentro do vaso e plante a samambaia por cima. Deixe dentro da sua casa.

Para Você Conseguir o seu Bem-amado

1 romã grande
1 vasilha com tampa (pode ser um pote de margarina)
água de flor-de-laranjeira
água de melissa
açúcar cristal
7 velas coloridas (exceto preta)
7 pedaços de fitas coloridas
1 vaso de bano
1 muda de samambaia-bailarina
1 papel tendo escrito o nome da pessoa amada com o seu por cima

Corte a romã na horizontal, sem separar as partes. Coloque o papel no meio. Faça uma trança com as fitas e, com ela, amarre a romã de modo que as partes fiquem bem juntinhas. Ponha na vasilha o açúcar, a água de melissa, a água de flor-de-laranjeira e a romã. Tampe, ponha dentro do vaso e plante a samambaia por cima. Acenda as velas, colocando duas do lado direito, duas do lado esquerdo, duas atrás e uma na frente do vaso. Ofereça para a cigana de sua preferência. Deixe o vaso dentro de casa.

Para Tirar a Amante do Caminho de seu Marido

1 mamão verde
7 folhas de corredeira
7 folhas de dormideira
2 pregos virgens
2 papéis, cada um com um dos nomes escrito a lápis
2 vasilhas de baixo
óleo de rícino
vinagre tinto
água de flor-de-laranjeira
água de melissa
1 vela branca
1 vela preta

Corte o mamão na vertical. Numa metade, espete com um prego o papel com o nome de seu marido; ponha por cima a dormideira e as águas de flor-de-laranjeira e de melissa. Na outra metade, espete com o outro prego o outro papel; ponha por cima a corredeira, o óleo e o vinagre. Ponha cada metade numa das vasilhas e coloque em lugares diferentes, cada uma num bairro bem distante do outro. Junto à que tem o nome de seu marido, acenda a vela branca; junto da outra, acenda a vela preta. Ofereça à cigana velha Zíngara, a bruxa mágica.

Para União Matrimonial

1 ninho de periquito (caixinha de madeira com teto móvel)
2 ovos de codorna eras
1 ninho pequeno feito com folhas de macaçá e arruda-macho
essência de patchuli
1 papel tendo escrito o nome de seu amado com o seu por cima
1 espiga de milho cozida e debulhada
2 pedaços de fita, sendo 1 amarela e 1 azul
1 cesta de vime grande
14 fintas, sendo 2 peras, 2 bananas-prata, 2 maçãs, 2 mamões, 2 melões pequenos, 2 cachos de uva e 2 pêssegos
2 espigas de trigo
2 velas, sendo 1 amarela e 1 azul

Coloque o ninho feito de ervas dentro do ninho de periquito. No meio do ninho, coloque o papel. Ponha em cima os ovos juntos e jogue por cima a essência. Ponha essa caixinha no meio da cesta, com as espigas atrás, amarradas com um laço bonito com as fitas. Arrume as frutas em volta. Procure uma árvore frondosa, de preferência perto de um riacho e cachoeira. Coloque a cesta no pé da árvore. Acenda as velas juntas e ofereça aos ciganos Pablo e Sarita.

Para Arrumar um Namorado ou Companheiro

1 olho de boto
1 romã grande
essência de morango
açúcar cristal
1 fava da pichulin ralada
dandá-da-costa ralado
1 vasilha de vidro
2 gemas de ovo de galinha

2 rosas-chá
1 pedaço de pano rosa
14 velas rosa

Corte a romã em quatro partes, sem separá-las. Passe simbolicamente o olho de boto no rosto, pedindo que alguém a olhe com amor e carinho, e que o povo cigano a ajude a encontrar seu amor. Coloque o olho no meio da romã. Despeje em cima a essência, a fava de pichulin, o dandá-da-costa e as gemas. Cubra tudo com açúcar. Acenda duas velas juntas durante seis dias. No sétimo dia, leve para uma cachoeira e coloque embaixo de uma árvore frondosa, sobre o pano. Ponha as rosas por cima, acenda duas velas juntas e ofereça à cigana Shanarara.

Para Separar a Outra do seu Bem-amado

1 melancia
1 folha de maracujá
1 folha de laranjeira
1 folha de erva-cidreira
açúcar cristal
2 melões pequenos
trigo de quibe
vinagre tinto
folhas de corredeira
2 papéis: um tendo escrito o nome de seu amado com o seu por cima; outro, com o da outra pessoa
erva amor-agarradinho
1 pano preto
1 pano branco
2 velas brancas

Corte a melancia na vertical. Raspe a polpa e esprema num pano para tirar o suco. Ferva esse suco com as folhas de maracujá, laranja e cidreira, e com açúcar; deixe esfriar. À parte, misture o trigo com o vinagre e a corredeira. Corte os melões na horizontal e ponha um dentro de cada metade da casca da melancia. Tire as sementes de um deles; ponha dentro o papel com o nome da pessoa que está atrapalhando; despeje parte da mistura de trigo, tampe o melão e cubra com o resto da mistura. Enrole no pano preto e jogue num rio sujo.

Deixe as sementes do outro melão. Ponha dentro o outro papel e o amor-agarradinho. Tampe e derrame por cima o suco de melancia. Enrole no pano branco e leve para cima de uma árvore frondosa. Acenda as velas juntas no pé da árvore e entregue à cigana Katiana Natasha.

Para Unir um Casal

1 goiaba-vermelha grande
1 melão grande
açúcar cristal
hortelã miúda
gergelim
2 velas, sendo 1 azul e 1 amarela
1 prato de papelão dourado
1 papel tendo escrito a lápis o nome de seu amado com o seu por cima

Fure a goiaba no alto, enfie o papel e cubra com o açúcar. Abra o melão. Coloque dentro a goiaba; cubra com gergelim e açúcar e tampe. Coloque no centro do prato, cercado por uma rodilha de hortelã. Leve para baixo de uma árvore frondosa. Acenda as velas juntas e ofereça aos ciganos Pablo e Sarita.

Magias para melhorar a vida

Para Conseguir Emprego

1 prato de papelão
1 melão grande
açúcar cristal
1 molho de hortelã miúda
1 pedaço de papel sem pauta com seu pedido escrito
1 vela vermelha comum

Corte o melão na horizontal, sem tirar as sementes. Coloque seu pedido dentro, encha com açúcar cristal, tampe e coloque no prato, com a hortelã em volta. Acenda a vela. Leve para um lugar com mato e entregue ao cigano Wladimir, numa Lua boa, até as 9 horas da manhã. Faça a seguinte oração:

"Meu cigano Wladimir, socorra-me, pois preciso de um emprego para não vir a passai- fome. Peço ao senhor, que é o cigano que socorre os desesperados, que venha em meu socorro, abrindo as portas para que eu seja feliz."

Para Ganhar Dinheiro

1 pedra de quartzo-citrino
1 flor de girassol grande
5 moedas antigas
1 incenso de madeira
5 espigas de trigo
1 vela de 7 dias amarela
1 prato de vidro

Coloque o girassol no meio do prato, com as moedas em volta. Ponha no miolo da flor o cristal e, em volta, as espigas. Acenda o incenso do lado esquerdo e a vela do lado direito. Deixe na sua casa.

Para Atrair Coisas Boas para o seu Lar

1 ramalhete de sempre-vivas brancas
6 folhas de palmeira
1 vidro de essência de almíscar
1 punhado de erva-mate
1 vaso de barro
1/2 copo de água de chuva

Faça essa simpatia numa noite de Lua cheia. Coloque a erva-mate no fundo do vaso. Ponha a água. Arrume as sempre-vivas no meio e as folhas de palmeira em volta. Leve até o quintal e levante o vaso, mostrando-o à Lua, por seis vezes. Jogue a essência por cima, mostre novamente à Lua e faça seu pedido:

"Lua cheia que clareia a Terra, peço à senhora que clareie sempre o meu lar; que nunca falte alimentação e que eu sempre tenha dinheiro para a sobrevivência da minha família."

Leve para casa e coloque no centro de uma mesa. No mês seguinte, mostre o mesmo vaso à Lua cheia novamente, colocando uma moeda dentro do vaso; repita por sete Luas cheias. Se as folhas de palmeira secarem, não faz mal. Quando elas estiverem bem secas, faça um defumador com as palhas e coloque folhas novas.

Para Melhorar Situação Ruim

7 moedas atuais

Vá a um formigueiro e observe a direção de onde as formigas estão trazendo sua carga; descobrindo isso, vá colocando as moedas pelo caminho das formigas, até que a última seja colocada na boca do formigueiro. Tenha fé, pois as formigas também trabalham para o bem, e não só para o mal.

Para Dar Paz ao seu Lar

essência de sândalo
essência de almíscar

Sempre que lavar a sua roupa e a de seu marido, enxágüe a sua roupa, principalmente as roupas íntimas, com algumas gotas de essência de almíscar; e as roupas dele, com essência de sândalo. Não torça a roupa.

Para Melhorar Situação Financeira ou Ajudar a Comprar Casa

6 doces finos
1 maçã
1 cacho de uva-verde
1 melão
1 cacho de uva-rosada
6 frutas-de-conde
1 pêra
6 incensos de madeira
1 vidro de essência de madeira
1 casa de cera pequena
1 papel branco sem pauta, com seu nome e seu pedido escritos
1 travessa de madeira grande
dandá-da-costa ralado
1 fava de aridam ralada
1 vela de 7 dias

Faça essa simpatia no dia 6 de junho. Coloque a casa no meio da travessa. Arrume em volta dela as frutas-de-conde e, em volta destas, as outras frutas e os doces, pondo o cacho de uva-verde em cima da casa. Polvilhe as coisas raladas por cima de tudo e, em cima da casa, jogue a essência.

Espete um incenso em cada fruta, menos nas frutas-de-conde. Acenda a vela e peça aos ciganos ou à cigana ou cigano de sua devoção para ajudá-lo.

Quando se passarem seis dias, leve as frutas para o alto de um morro bem verdinho e deixe a vela terminar de queimar por mais um dia em casa. Guarde a casa de cera. Se seu pedido tiver sido para comprar casa, quando a comprar, coloque essa casa de cera no telhado ou no forro.

Proteção para o seu Lar

1 pedra de quartzo-rosa
1 noz-moscada ralada
1/2 copo de mate
1/2 copo de água filtrada
1 tigela
1 moeda antiga
1 moeda atual
1 saquinho de cetim rosa
1 fita rosa
1 vela rosa

Misture o mate e a água na tigela, ponha dentro a pedra e as moedas e deixe a noite inteira no sereno. No dia seguinte, cruze a casa com o líquido da tigela; depois, tire a pedra e as moedas e coloque-as no saquinho, junto com a noz-moscada. Feche com a fita. Acenda a vela. Pendure esse saquinho atrás da porta da sua casa.

Para Ter Fartura e Paz no seu Lar

1 porção de arroz cozido com açúcar cristal
1 clara batida em neve, em ponto de suspiro
1 cacho de uva-verde
1 cristal canalizador (com duas pontas)

1 vela de 7 dias branca
1 travessa de louça branca
1 vela comum branca
1 saquinho de pano branco

Coloque o arroz na travessa. Cubra com a clara em neve; ponha no meio o cristal, de ponta para cima, com o cacho de uva na frente. Acenda a vela de sete dias e o incenso. Depois de sete dias, tire o cristal, ponha no saquinho e pendure atrás da porta; vá ao alto de um morro que tenha bastante verde e deixe a travessa com a outra vela.

Peça a Bel-Karrano fartura e paz para o seu lar.

Para Prosperidade de Casa Comercial

3 moedas antigas
3 moedas atuais
1 quartzo-citrino
essência de jasmim
dandá-da-costa ralada
1 noz-moscada ralada
1 incenso de jasmim
1 vela amarela
1 saquinho de cetim amarelo
1 pedaço de fita fina amarela

Faça essa simpatia nos primeiros dias de janeiro, numa Lua boa. Coloque as moedas, a pedra, as eivas e a essência no saquinho; feche com a fita. Acenda a vela e o incenso perto do saquinho e faça seu pedido à cigana Nazira. Depois que a vela e o incenso se apagarem, pendure o saquinho no seu estabelecimento e ofereça à cigana Nazira a prosperidade do negócio.

Para a Cigana o Ajudar num Caso muito Difícil

8 bananas-ouro
8 ovos cozidos sem casca

8 moedas antigas
8 rosas brancas ou flores do campo
1 rosa amarela
1 incenso de ópio
1 molho de hortelã miúda
1 travessa de barro
1 cálice de vinho branco doce
1 vela de cerca de 30cm

No dia 24 de agosto, de preferência na Lua cheia, entre as 6 e as 10 horas da manhã, arrume na travessa as bananas sem casca no feitio de uma flor, com uma moeda espetada em cada uma. Ponha no centro os ovos e as rosas brancas. Jogue por cima de tudo a hortelã picadinha. Acenda o incenso do lado esquerdo e a vela do lado direito da travessa. Depois de três dias, leve a uma cachoeira, coloque perto da água (não dentro dela), entregue à cigana Katiana Natasha junto com a rosa amarela e faça seu pedido.

Para Abrir seu Caminho

1 pedra de quartzo-azul
essência de jasmim
1 vasilha de vidro com água
dandá-da-costa ralado

Três dias antes da chegada da Lua cheia, coloque a pedra na vasilha com água, junto com a essência e o dandá, e deixe três dias ao Sol e três noites à Lua. No primeiro dia da Lua cheia, às 6 horas da manhã, tire a pedra e tome um banho da cabeça aos pés com a água. Traga a pedra sempre com você.

Você vai ver como sua vida vai melhorar.

Para Ajudar em Qualquer Pedido

1 melão
açúcar cristal

2 velas vermelhas

1 papel com o pedido escrito

Faça essa simpatia na Lua cheia, num dia ímpar, antes das 9 horas da manhã. Corte o melão na horizontal, sem tirar as sementes. Coloque dentro o papel, encha com açúcar e torne a fechá-lo. Acenda uma vela ao lado e faça seu pedido. Depois que a vela apagar, leve a um lugar com mato, com a outra vela, e diga assim:

"Meu querido cigano Wladimir, se escutar e atender meu pedido, trarei outro melão e outra vela."

Para Prosperidade e Resolver Casos Difíceis

7 frutas diferentes (exceto abacaxi)

7 palmas-de-santa-rita: 2 amarelas, 2 rosa, 2 vermelhas, 1 branca

7 pedaços de fita: amarela, rosa, vermelha, branca, azul, verde, lilás

7 espigas de trigo

250g de açúcar cristal

1 vela de 7 dias colorida

1 incenso de jasmim

essência de jasmim

1 cesta de vime

1 lenço estampado, sem a cor preto

papel laminado dourado

Faça a simpatia no 5º dia da Lua cheia. Forre a cesta com o papel. Coloque dentro as frutas (se quiser, pode colocar quibes e doces). Coloque as espigas e, por cima, o açúcar. Amarre uma fita em cada palma e ponha-as no centro do cesto, com as pontas para fora, e jogue a essência por cima delas. Acenda o incenso. Acenda a vela no pé de uma cigana que seja da tribo de Natasha, e peça paia a cigana Katiana Natasha. Leve para um lugar de grama bem verdinha (pode ser embaixo de uma árvore) e entregue o cesto sobre o lenço.

Para Nunca Faltar Dinheiro no seu Lar

8 moedas antigas amarelas
1 pedra de quartzo-citrino
8 peras
8 copos com água e açúcar
8 rosas amarelas
8 incensos de almíscar
1 saquinho de cetim amarelo
1 vela de 7 dias amarela
1 travessa de barro pintada de amarelo
açúcar cristal

Faça a simpatia nos primeiros minutos do dia 8 de agosto. Coloque a pedra no meio da travessa, com as moedas e as peras em volta. Ponha o açúcar por cima de tudo. Arrume em volta da travessa os copos, cada um com uma rosa. Acenda o incenso do lado esquerdo e a vela do lado direito. Quando a vela terminar, entregue no mato somente as peras e as rosas. Jogue metade da água para fora e metade para dentro do seu portão. Coloque a pedra e as moedas no saquinho, pendure atrás da porta de sua casa e entregue à cigana Sulamita.

Para Abrir os Caminhos

casca de 1 maçã
folha de fumo
noz-moscada ralada
1 tigela com água
1 pedaço de pano branco

Deixe as folhas de molho na água de um dia para o outro, no sereno. No dia seguinte, coe, enrole as ervas no pano e jogue no mato. Quando voltar para casa, tome um banho com a água, da cabeça aos pés.

Para Ultrapassar Todos os Obstáculos da Vida

1 coruja empalhada
1 ametista
1 tacho de cobre
1 figa de arruda e outra de guiné, pequenas
7 velas coloridas, exceto preta
7 fitas coloridas, exceto preta
água de cachoeira
7 punhados de areia de cachoeira
incenso de raízes
flores de violeta

Esfregue as flores na água de cachoeira. Lave também a pedra e as figas. Deixe-as, junto com a coruja, pegar o Sol das 8 às 9 horas da manhã. Coloque a areia no tacho e ponha a coruja no meio. Faça um furo no meio da testa da coruja (no chacra do 3º olho) e coloque aí a ametista. Coloque uma figa embaixo de cada asa e pendure as fitas nas asas. Acenda o incenso e as velas em volta do tacho e ofereça ao povo cigano para que o proteja nos caminhos da vida.

Banho para Sorte (para Mulher)

1 copo de leite de cabra
1 tigela com água
1 vela branca comum
1 moeda

Faça esse banho na Lua cheia. Acenda a vela junto do copo com o leite. Depois que a vela acabar, misture o leite com a água; vá para um lugar onde possa ficar com os pés diretamente na terra e tome o banho da cabeça aos pés. Querendo prosperidade, segure a moeda na mão direita ao tomar o banho. Depois, guarde a moeda na carteira.

Banho para Sorte (para Homem)

1 laranja
1 cacho de uvas
1 maçã
1 tigela com água
1 vela branca
1 moeda
1 saquinho de pano branco

Soque as frutas e esprema num pano para tirar o suco. Ponha num copo e acenda a vela junto. Quando a vela acabar, misture o suco com a água; vá para um lugar onde possa ficar com os pés em contato com a terra e tome o banho da cabeça aos pés. Querendo prosperidade, segure a moeda na mão direita durante o banho. Depois, faça um patuá, colocando a moeda no saquinho.

Para a Protetora dos Endividados, Santa Edviges (dia 16/10)

1 tacho de cobre pequeno
1 pedra de quartzo-rosa
3 moedas atuais
3 velas brancas
1 vidro de essência de maçã-verde
3 rosas: 1 amarela, 1 vermelha, 1 rosa-chá
alecrim-do-jardim

1 pedaço de papel com seu pedido escrito
1 toalha branca
3 copos com água

Coloque o alecrim no fundo do tacho. Ponha o papel no meio e, por cima dele, o quartzo. Coloque por cima as moedas e jogue a essência por cima de tudo. Em cima de uma pedra forrada com a toalha, coloque o tacho bem no meio. Disponha as rosas nos copos d'água e as velas formando um triângulo em volta. Nos cinco dias seguintes, reze a seguinte oração:

"Santa Edviges, me socorra. Que eu possa sair desta dificuldade financeira, pela força da energia positiva. Confio em que meu pedido será atendido. Santa Edviges, seja minha protetora."

Magias para a saúde

Banho para a Saúde

maçã
pêra
melão
mamão

Tire o suco das frutas e reserve. Leve o bagaço à praia e jogue nas ondas do mar, pedindo que leve as coisas negativas que estão perturbando a pessoa. Quando chegar a casa, tome um banho com o suco das fintas, da cabeça aos pés.

Simpatia para a Saúde

5 maçãs-verdes
1 colher (sopa) de açúcar cristal

1 incenso de maçã-verde
5 espigas de trigo
1 cálice de vinho branco
1 molho de hortelã miúda
5 moedas antigas
5 velas brancas
1 travessa de barro pintada de branco

Faça essa simpatia na Lua nova, crescente ou cheia, antes das 18 horas. Cozinhe as maçãs com casca, com o açúcar e o vinho, sem juntar água. Depois de frias, coloque na travessa. Arrume as moedas em volta e espete em cada maçã uma espiga de trigo. Salpique a hortelã picadinha sobre as maçãs. Passe simbolicamente pelo corpo da pessoa doente e peça à cigana íris sua cura.

Leve ao alto de um morro que tenha mato baixo, como grama, e entregue à cigana Íris; acenda o incenso e as velas e volte a fazer o pedido.

Para Curar Doenças da Barriga de Senhoras com Pedras e Frutas

3 pedras olho-de-tigre
3 peras
1 incenso de ópio
1 vela azul
1 copo de cristal ou vidro fino com água filtrada
1 lençol branco
1 pedaço de pano branco

Coloque uma das pedras no copo com água e ponha uma das peras na boca do copo. Abra o lençol no chão. Se a cura for para você mesma, deite no lençol; ponha outra pedra no umbigo, com outra pêra por cima; e segure a última pedra com a mão esquerda e a pêra com a direita. Faça, então, a mentalização de cura:

"Rogo às forças superiores de luz e de cor que ajam com esta fruta e esta pedra. Rogo pela minha saúde. Que mestres e guias espirituais estejam presentes comigo e que me ajudem a ficar boa. E o mais importante, rogo à essência mais verdadeira que eu fique boa, que aflore e transforme meu coração se for preciso neste momento, para eu adquirir compreensão, claridade e a minha saúde."

Fique um minuto de olhos fechados. Depois, pegue as três peras, ponha no pedaço de pano e enrole como uma trouxa. Tire a pedra do copo e beba a água. Depois, ponha as três pedras no copo e encha-o com água filtrada. Acenda a vela e o incenso. Quando terminarem, vá a um lugar com mato levando a trouxa com as peras e entregue ao tempo para ajudá-la a ficar boa. Faça isso com fé e será curada.

Para a Saúde de uma Criança

1 mamão
1 pêra
1 maçã
1 banana-prata sem casca
1 cacho de uva-verde
1 laranja sem casca
3 velas comuns azuis (se for menino) ou rosa (se for menina)
1 vela de 7 dias azul (se for menino) ou rosa (se for menina)
1 travessa de vidro
1 tigela
250g de arroz com casca
250g de açúcar cristal
1 turmalina-azul (se for menino) ou 1 quartzo-rosa (se for menina)
1 copo com água filtrada

1 pano azul (se for menino) ou rosa (se for menina)
1 porção de mil-em-rama
1 porção de erva-doce
1 rosa de jardim
dandá-da-costa ralado
1 panela com água
1 incenso de sândalo (se for menino) ou jasmim (se for menina)

Ponha as ervas na água e prepare um banho. Faça uma salada com as fintas na tigela. Coloque o pano no chão. Ponha a criança em cima dele, passe as frutas no seu corpo (deixando cair no pano) e depois dê o banho. Por trás da criança, acenda o incenso; acenda as velas: uma à esquerda, uma à direita e outra atrás. Depois de apagarem, enrole o pano, leve para um lugar de mato e entregue aos Mirros, fazendo seu pedido. As ervas devem ser deixadas no mato, se for menino, ou numa cachoeira, se for menina.

Voltando para casa, pegue o cristal e passe simbolicamente no corpo da criança, pedindo aos Mirros sua saúde. Coloque o arroz na travessa, com o cristal por cima. Acenda a vela de sete dias. Quando ela acabar, despache o arroz e ponha o cristal no copo com água. Nos sete dias seguintes, dê essa água para a criança beber; depois, deixe a pedra no local em que a criança dorme.

Simpatia para a Saúde

1 copo liso com suco de laranja
1 copo liso com suco de maçã
1 copo liso com suco de pêra
1 copo liso com suco de uva
1 quartzo-citrino
1 rodocrosita
1 quartzo-rosa

1 ametista
4 velas, sendo 1 amarela, 1 vermelha, 1 rosa e 1 roxa
4 papéis com o nome do doente escrito

Coloque o quartzo-citrino no suco de laranja, a rodocrosita, no de maçã; o quartzo-rosa, no de pêra, e a ametista, no de uva. Ponha o suco de uva no meio e os outros formando um triângulo em volta. Ponha um papel debaixo de cada copo e uma vela atrás de cada um: amarela, no suco de laranja; vermelha, no de maçã; rosa, no de pêra; e roxa, no de uva. Pergunte ao doente qual suco ele quer beber. Deixe-o beber quatro goles do escolhido; misture o resto com água e dê-lhe um banho da cabeça aos pés. Retire todas as pedras e misture todos os sucos. Coloque sobre o local enfermo a pedra que estava no suco que o paciente bebeu; ponha as outras debaixo do colchão.

Se a pessoa estiver hospitalizada, faça a simpatia debaixo de uma árvore frondosa e, depois de acender as velas, tire as pedras e leve para o hospital.

Magias para afastar as coisas do mal

Para Afastar um Invejoso

1 melão
16 espigas de trigo
4 moedas antigas brancas
1 incenso mil-flores
1 vela de 7 dias azul
1 vela comum azul
dandá-da-costa ralado
1 travessa de barro

Coloque o melão no meio da travessa. Espete nele as espigas, para ficar como um ouriço. Arrume em volta as moedas. Salpique o dandá-da-costa em cima de tudo. Acenda o incenso do lado esquerdo e a vela de sete dias do lado direito. Depois de sete dias, leve para uma estrada de terra, acenda a vela comum e peça ao cigano Pablo assim:

"Meu cigano Pablo, assim como os ciganos são andarilhos, peço que afaste o invejoso do meu caminho. Cigano Pablo, aqui está sua vela azul para levar o invejoso para longe do meu lado e da minha casa."

Oração para Afastar Mau-olhado e Inveja

Bel-Karrano, vós que permitis que eu seja instrumento de vossa fé, ajudai-me para que eu possa cumprir fiel e rigorosamente com os sagrados desígnios que me foram confiados. Ajudai-me a vencer as tentações da matéria e, sempre que seja necessária a caridade, usai de mim que, fortalecido com vossos fluidos, estarei pronto para, em vosso nome, distribuir a caridade para quem dela necessitar. Em vosso nome semearei o bem, dando conforto espiritual, fruto de vosso amor pelo homem.

Bel-Karrano, permita que eu sempre tenha força para difundir a trilogia viva de vossa verdade, justiça e amor. Amparai a todos que se abrigam sob este pálio sagrado, espalhando por toda a humanidade centelhas de compreensão, para que um dia também façam parte deste grupo que, em vosso nome, distribui a caridade. Somos todos irmãos; fazei-nos cada vez mais instrumentos da vossa fé.

Para Tirar Olho-Grande

1 jarro de bano
1 vidro de essência de jasmim ou de flores do campo
7 brasas de uma fogueira

Tia Zinara me ensinou a tirar olho-grande e inveja com as brasas da fogueira. Pegue sete brasas e coloque dentro do jarro de bano, jogue por cima um pouco da essência, enquanto fala assim:

"Que todas as coisas ruins que estão com esta pessoa sejam retiradas pelo poder do fogo; que esta brasa queime todos os que olharem para esta pessoa com olho ruim."

Enterre o jarro e, por cima, jogue mais essência de jasmim, para perfumar a mãe-terra. Nunca mais esta pessoa atrairá mau-olhado ou inveja.

Para Tirar Invejoso do seu Caminho

1 garrafa de vidro escuro
1 colher (sopa) de alpiste
7 qualidades de pimenta
21 pedaços de madeira
1 papel branco com o nome do invejoso escrito a lápis 7 vezes

Na Lua minguante, às 3 horas da manhã ou às 3 horas da tarde, coloque o alpiste e as pimentas dentro da garrafa. Num lugar aberto, na rua, faça um buraco. Coloque nele a garrafa e por cima faça uma fogueira com a madeira, jogando querosene para pegar fogo. Quando a fumaça estiver saindo, peça à salamandra que o invejoso saia do seu caminho. Quando a fogueira apagar, jogue a cinza no buraco e tampe com terra.

Para que o Invejoso se Afaste de seu Caminho e o Deixe em Paz

1 melancia inteira
7 camarões fritos no azeite-doce
7 azeitonas verdes

1/2 copo de vinagre branco
1 vidro de óleo de rícino
7 espinhos de limão-galego
1 vidro de óleo de mamona
3 velas, sendo
1 rosa, 1 vermelha e 1 amarela
3 ovos de casca vermelha
1 alguidar grande
1 papel com o nome da pessoa escrito

Faça essa simpatia na Lua minguante, às 12 horas. Coite uma tampa na melancia e faça um buraco no meio dela. Coloque dentro o papel e, por cima, os camarões, as azeitonas, o vinagre, os óleos e os espinhos. Tampe e leve para um lugar com mato. Lá, quebre os ovos dentro da melancia e acenda as velas dispostas num triângulo. Entregue aos ciganos Ruan e Taran.

Para Proteger seu Lar ou seu Negócio Contra Inveja e Olho-grande

1 quartinha de barro com alça, pintada em várias cores
2 olhos de peixe de água doce
1 punhado de areia de cachoeira, apanhada na Lua cheia, às 6 horas da manhã (deixe uma moeda na cachoeira)
2 galhinhos de arruda-macho
1 folha de erva-de-santa-luzia
1 fava de carvalho dandá-da-costa
1 punhado de açúcar cristal
1 vela de cerca de 50cm

Coloque a areia no fundo da quartinha. Ponha em cima os olhos de peixe, cubra com a erva-de-santa-luzia, açúcar, a fava de carvalho e mais açúcar. Espete a arruda no meio da quartinha e ponha por cima o dandá-da-costa. Tampe a quartinha. Acenda a vela e ofereça ao povo cigano para que nunca o olho-mau atinja seu lar ou seu estabelecimento.

Para Afastar Alguém que Esteja Roubando Seu(sua) Companheiro(a)

1 pedaço de melancia
1 vidro de óleo dé rícino
1 pacote de sal amargo
2 espinhos grandes da folha do coco de catarro
2 olhos de peixe (corvina)
1 vasilha de barro
7 folhas de urtiga
7 pimentas malaguetas (vermelhas)
1 fel de galinha
7 velas coloridas, sendo uma preta
2 pedaços de papel com o nome da pessoa escrito a lápis

Misture o óleo, o fel e as pimentas socadas, batendo bem. Forre a vasilha com a urtiga. Coloque o pedaço de melancia, com os papéis enfiados cada um em um buraco. Coloque um olho de peixe em cima de cada papel, espete um espinho no meio de cada olho e diga assim:

"Fulano (diga o nome), você não terá mais olhos para me enxergar nem para fazer mal a ninguém."

Enterre no pé de uma árvore chamada sabiá e entregue à velha cigana Zíngara. Acenda as velas por cima, pondo a preta no meio e as outras em volta dela.

Para Tirar Mau-olhado de Criança

3 brasas de carvão
1 copo com água filtrada

Jogue as brasas uma por uma dentro do copo. Ao jogar a primeira, fale assim:

"Que apague todo olho-mau."
Ao jogar a segunda, fale:
"Que apague a maldade."
Ao jogar a terceira, fale:
"Que apague o quebranto."
Cruze a criança com o copo. Depois, retire as brasas do copo e despeje a água na terra. Pegue as brasas, leve para uma praça e, ao deixá-las, diga assim;
"Aqui fica todo o quebranto, e que esta criança nunca mais atraia o mau-olhado."

Para Tirar um Rival do seu Caminho

7 sapotis
7 punhados de pó feitos com 7 pedras de carvão socadas
7 pimentas-malaguetas
7 punhados de sal grosso
7 punhados de alpiste
sal amargo
óleo de rícino
7 pedaços de papel com o nome da pessoa escrito
7 velas coloridas, sendo uma preta
1 panela de barro com tampa
1 tigela de água com anil
Coloque na panela um punhado de sal grosso. Ponha por cima um punhado de alpiste, um dos papéis, um pouco de óleo de rícino e um pouco de sal amargo. Repita as camadas nessa ordem até acabar esses ingredientes. Ponha por cima os sapotis e os sete punhados de carvão. Tampe a panela e leve para um lugar que tenha lama. Acenda as velas sobre a tampa da panela, colocando a preta no meio e as outras em volta. Entregue à velha feiticeira, a bruxa das trevas.

Ao chegar a casa, tome um banho com a água de anil, da cabeça aos pés.

Para Afastar uma Pessoa que Esteja lhe Atrapalhando

1 garrafa de vidro escuro
1 sapoti
óleo de rícino
sal amargo
7 pimentas-malaguetas
7 pimentas-de-macaco
7 pimentas-de-fogo
7 agulhas
7 alfinetes
7 papéis com o nome da pessoa escrito
vinho tinto que dê para encher a garrafa
7 velas coloridas, sendo uma preta

Ponha tudo dentro da garrafa e arrolhe. Enterre no pé de uma árvore que se chama sabiá. Acenda as velas por cima, pondo a preta no meio e as outras em volta. Entregue ao povo andarilho para que tire essa pessoa do seu caminho.

Para Tirar Pessoa Fofoqueira do seu Caminho

1 cabeça de cobra
1 vasilha com tampa
1 maçã-verde
3 folhas de guaco
1 vela de cera de 30cm
1 papel com o nome da pessoa escrito de trás para diante

Fure a maçã no meio. Ponha dentro a cabeça de cobra em pé. Coloque dentro da sua boca o papel. Cubra com as folhas, ponha dentro da vasilha e tampe. Quebre

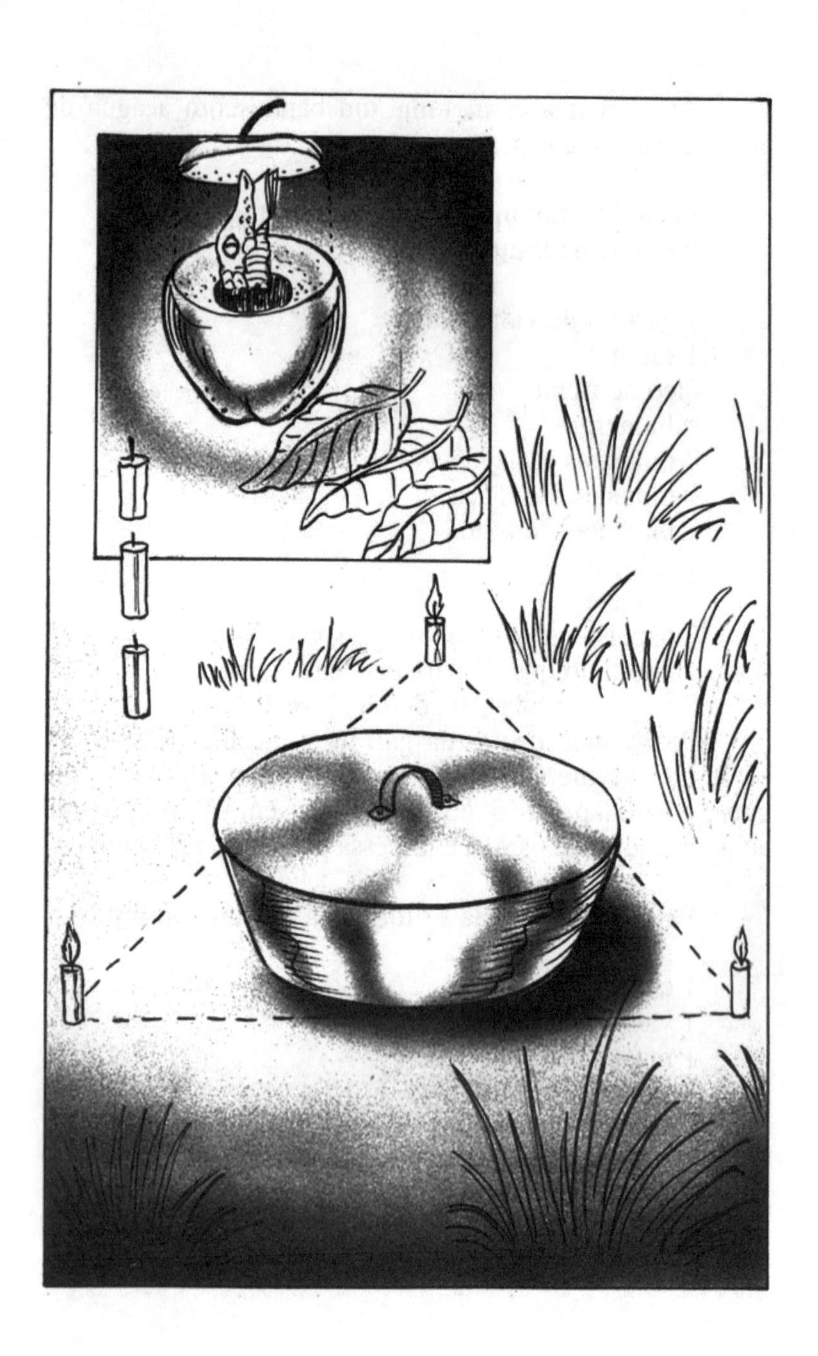

a vela em três pedaços e coloque formando um triângulo em volta da vasilha. Entregue à cigana Naja ou Najara. Depois que as velas acabarem, leve a vasilha para o mato e chame três vezes assim:

"Piu, piu, cobra venenosa, leve esta fofoqueira para bem longe do meu caminho."

Para Cortar o Mau-olhado da sua Casa

3 pedaços (não muito pequenos) de fita, sendo 1 branca, 1 azul e 1 verde

3 moedas antigas furadas

essência de ópio

4 velas, sendo 1 verde, 1 branca, 1 azul e 1 vermelha

Faça uma trança com as fitas, deixando as pontas soltas; prenda uma moeda na ponta de cada uma. Passe a essência na trança e nas moedas. Coloque a trança em cima da mesa, formando um círculo. Acenda as velas viradas (de cabeça para baixo) no meio do círculo, com a vermelha no centro, e fale assim:

"Assim como estou virando esta vela, estou virando o olho-mau da minha casa."

Quando as velas acabarem, pendure a trança atrás da porta da casa.

Para uma Pessoa ir Embora

1 coração de boi inteiro

7 espinhos de limão-galego

1 abacaxi com casca, cortado em fatias

1 travessa de barro

1 metro de fita vermelha

suco de um limão-galego

um pedaço de papel com o nome da pessoa escrito sete vezes

7 velas

Faça a simpatia na Lua minguante, às 12 horas em ponto. Coloque o nome da pessoa dentro do coração. Espete os espinhos no coração e amarre-o com a fita. Coloque-o na travessa, ponha por cima as rodelas de abacaxi e o suco de limão. Vá a um lugar com mato e entregue ao cigano Sirium; acenda as velas e peça para afastar essa pessoa do seu caminho.

Magias para assuntos diversos

Pó da Amizade

flor de jasmim seca
noz-moscada
dandá-da-costa ralado
um pouquinho de açúcar
1 colher de sopa de erva-mate
1 fava de jucá ralada

No primeiro dia da Lua crescente, às 6 horas da manhã, triture tudo e faça um pó. Coloque no portão da sua casa, pelo lado de dentro, ou na porta de entrada.

Para Afastar Vizinho Pidão

1 ovo
1 tomate
1 maçã
1 banana
1 abacaxi
1 pitada de sal
1 prato branco

Numa segunda-feira, ao meio-dia em ponto, arrume os alimentos no prato e jogue o sal por cima. Dê tudo isso de presente ao pidão, com a desculpa de que ganhou de alguém.

Segurança do seu Lar

3 dentes grandes de alho-roxo
1 copo grande de vidro
3 moedas atuais
3 moedas antigas amarelas
3 pregos grandes
3 espigas de trigo
casca de 6 maçãs seca
essência de maçã-verde
mel
1 vela de 7 dias

Faça a simpatia na Lua cheia, às 6 horas da manhã. Coloque no copo as moedas antigas e, por cima, a quarta parte da casca de maçã; depois coloque o alho, e mais casca de maçã; depois as moedas atuais, e mais casca de maçã; depois os pregos, com as pontas voltadas para fora, e mais casca de maçã. Jogue por cima de tudo a essência e um pouco de mel. Espete no meio as espigas. Ofereça ao cigano Wladimir para que olhe seu lar e acenda a vela. Depois de sete dias, coloque atrás da porta da sua casa.

Para Ganhar no Jogo do Bicho

1 melão
açúcar cristal
3 velas, sendo 1 verde, 1 vermelha e 1 amarela

Jogue um dia em todos os bichos. Reserve o dinheiro que ganhar. Corte o melão na horizontal; coloque dentro esse dinheiro e o açúcar. Leve para o mato. Forme um triângulo com as velas e ponha o melão no meio. Ofereça ao cigano Wladimir, pedindo sorte no jogo. Guarde o número com o qual ganhou e jogue sempre nele ou em múltiplo dele.

Para Tirar um Inquilino que não Quer Pagar o Aluguel

4 melões
1 papel com o nome do inquilino escrito
1 pimenta-do-reino branca
4 velas, sendo 2 brancas, 1 vermelha e 1 verde

Corte um melão na horizontal. Ponha dentro o papel. Mastigue a pimenta e cuspa dentro do melão. Leve o melão, passe na porta do inquilino e fale assim:

"Assim como eu estou levando este melão para longe do portão, fulano (diga o nome) irá sair da minha casa."

Leve o melão para outro bairro e deixe debaixo de uma árvore que esteja com as folhas secas. Acenda debaixo da árvore uma vela branca, de cabeça para baixo, e fale assim;

"Como estou vir ando esta vela, estou tirando o inquilino da minha casa."

Depois que o inquilino sair, leve para o mato três melões (um inteiro, um cortado na horizontal e um cortado na vertical) com as outras três velas. Acenda a branca no melão inteiro; a vermelha, no cortado na horizontal; e a verde, no cortado na vertical.

Ofereça ao cigano Wladimir.

Este livro foi impresso em julho de 2015,
na Gráfica Impressul, em Jaraguá do Sul, para a Pallas Editora.
O papel de miolo é o offset 75g/m2 e o de capa é o cartão 250g/m2.